500 Hidden Secrets

GENT

BRUCKMANN

EINFÜHRUNG

Dieser Führer zeigt Ihnen ein Gent, wie es fast keiner kennt – kaum entdeckte Kirchlein, wo Sie schon mal der einzige Besucher sind, coole Kaffeebars mit der besten Musik oder verborgene Parks, nicht größer als ein Garten hinterm Haus. Er erhebt dabei keinen Anspruch auf Vollständigkeit, schließlich gibt es genügend Reiseführer und Websites für die üblichen Touristenstätten. Er geht einen Schritt weiter, indem er solche Orte aufzählt, die der Autor einem Freund empfehlen würde, der das wahre Gent entdecken möchte.

Sie finden etwa die besten Lokale für echte belgische Fritten, Museen, die man nicht verpassen sollte, oder tolle Radwege außerhalb der Stadt. Ziel ist es, dem Leser überraschende Orte vorzustellen, die sich in gewisser Weise von den üblichen Touristenzielen unterscheiden. Mit diesem Buch in der Tasche finden Sie ganz mühelos eine überraschende Stadtansicht, einen Imbiss um 2 Uhr früh oder einen romantischen Ort, um einen Cocktail zu genießen.

Sie gelangen auch zu ungewöhnlicheren Plätzen: einem Weingarten hinter hohen Mauern, einem »Museum der Psychiatrie« (Dr. Guislain) oder einem Wegenetz an den Kanälen. Einer Zeitreisemaschine in einen Antikladen oder einen seit fünfzig Jahren bestehenden Tapetenladen. Sie müssen nicht alles mitnehmen, was unser Buch empfiehlt, doch sollten Sie zumindest in einer der Bars ein *Gruut*-Bier trinken, in einem der besten vegetarischen Restaurants speisen oder sich einen Film in einem der netten kleinen Kinos ansehen. Und so nach und nach eine noch stark unterschätzte europäische Stadt entdecken.

ÜBER DAS BUCH

Dieser Führer bietet Ihnen 500 Insidertipps zu Gent nach 100 verschiedenen Kategorien – meist Orte, deren Besuch sich lohnt, mit praktischen Informationen, um sich zurechtzufinden. Oder Wissenswertes, um Gent und seine Bewohner näher kennenzulernen. Er möchte vor allem inspirieren, eine vollständige Beschreibung der Stadt ist nicht sein Ziel.

Zu jedem Eintrag finden Sie Adresse, Stadtteil und eine Nummer, mit deren Hilfe er sich leicht in den Karten am Anfang des Buches lokalisieren lässt: Suchen Sie dort im Plan des jeweiligen Stadtteils nach der angegebenen Nummer. Ein Hinweis dazu: Die Karten sind nicht allzu detailliert, können also nur einen groben Überblick vermitteln. Einen exakteren Stadtplan erhalten Sie bei der Touristeninformation bzw. im Hotel, oder Sie nutzen einfach die Karten-App Ihres Smartphones.

Bedenken Sie auch, dass Städte sich ständig ändern – der hochdekorierte Chefkoch hat vielleicht ausgerechnet am Tag Ihres Besuches einen Durchhänger. Oder die als einer der besten Plätze für Livemusik empfohlene Bar ist am Abend Ihres Besuches menschenleer. Die hier vorgestellte Auswahl ist sehr persönlich und wird nicht immer mit Ihren Präferenzen übereinstimmen. Wenn Sie einen Kommentar hinterlassen, eine Bar empfehlen oder einen Lieblingsort verraten möchten, besuchen Sie die Website *www.the500hiddensecrets.com* oder folgen Sie *@500hiddensecrets* auf Instagram bzw. Facebook.

DER AUTOR

Derek Blythe lebt seit über 30 Jahren in Belgien, wo er als Journalist fast jede Ecke des Landes erkundet hat. Der ehemalige Chefredakteur der englischsprachigen Zeitschrift *The Bulletin* verfasste mehrere Bücher über die Niederlande. Nach seinem Verkaufserfolg *500 Hidden Secrets: Brüssel* folgte in der gleichen Reihe ein Band über Antwerpen (englisch) und mit *Hidden Belgium* (2018) seine persönliche Ode an die schönsten und faszinierendsten Orte in dem nach eigenen Worten »merkwürdigsten Land der Welt«.

Der Autor erkundet die Stadt regelmäßig zu Fuß oder mit dem Fahrrad, nimmt Freunde mit zu versteckten Lieblingsplätzen, wie der verwunschenen Ruine der Sint-Baafsabdij, dem Café Huset oder einem einsamen Uferspazierweg am Visserij-Kanal. Er liebt Gent, gerade weil es so ganz anders und unendlich interessant ist.

Der Autor dankt vielen Gentern, die ihn mit persönlichen Tipps versorgten, besonders Lisa Bradshaw von Flanders Today, Nathalie Dumon vom Tourismusbüro, Guy Dupont vom Stadtarchiv, der Fotografin und Journalistin Melanie Devrieze, dem Unternehmer Koen Phlips, der Bloggerin Gudrun Rombaut, dem Webdesigner Fredo De Smet, der PR-Spezialistin Amaury Van Kenhove, dem ehemaligen DJ Bart van Aken, Tania Van de Vondel vom Buchladen Paard van Troje, Hilde Peleman von Copyright sowie dem fantastischen Redaktionsteam des Luster-Verlags, Hadewijch Ceulemans, Hilde Seys und Dettie Luyten. Sowie Mary Maclure für ihre Begleitung auf langen Spaziergängen in Gent auf der Suche nach dem perfekten Ort, den (noch) niemand kennt.

GENT
Übersicht

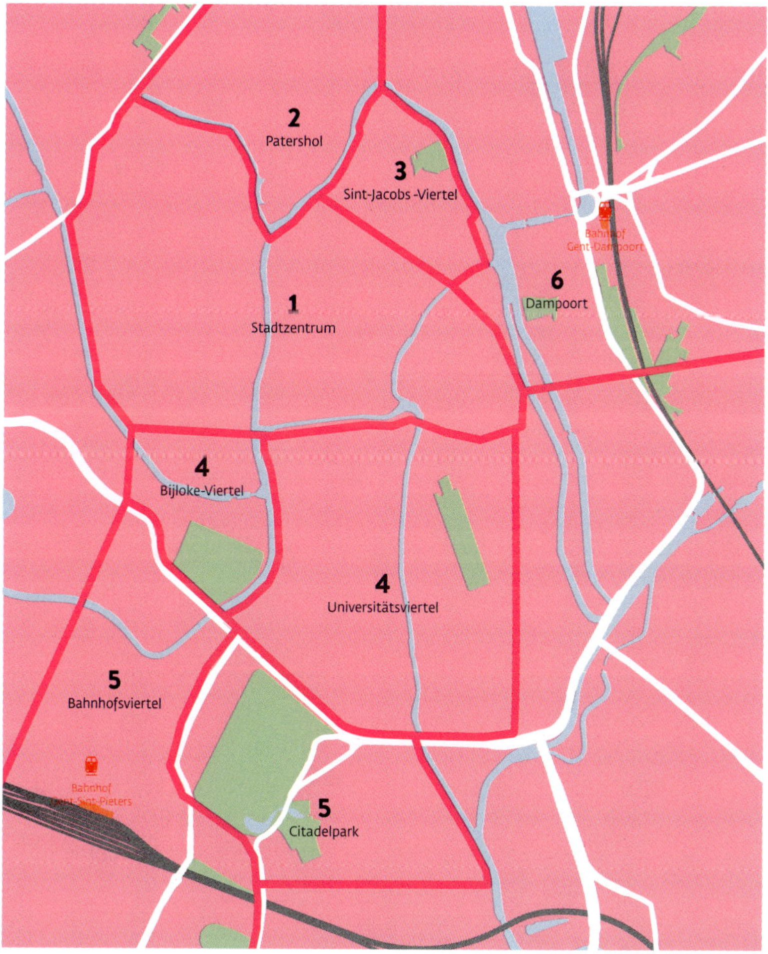

Karte 1

STADTZENTRUM

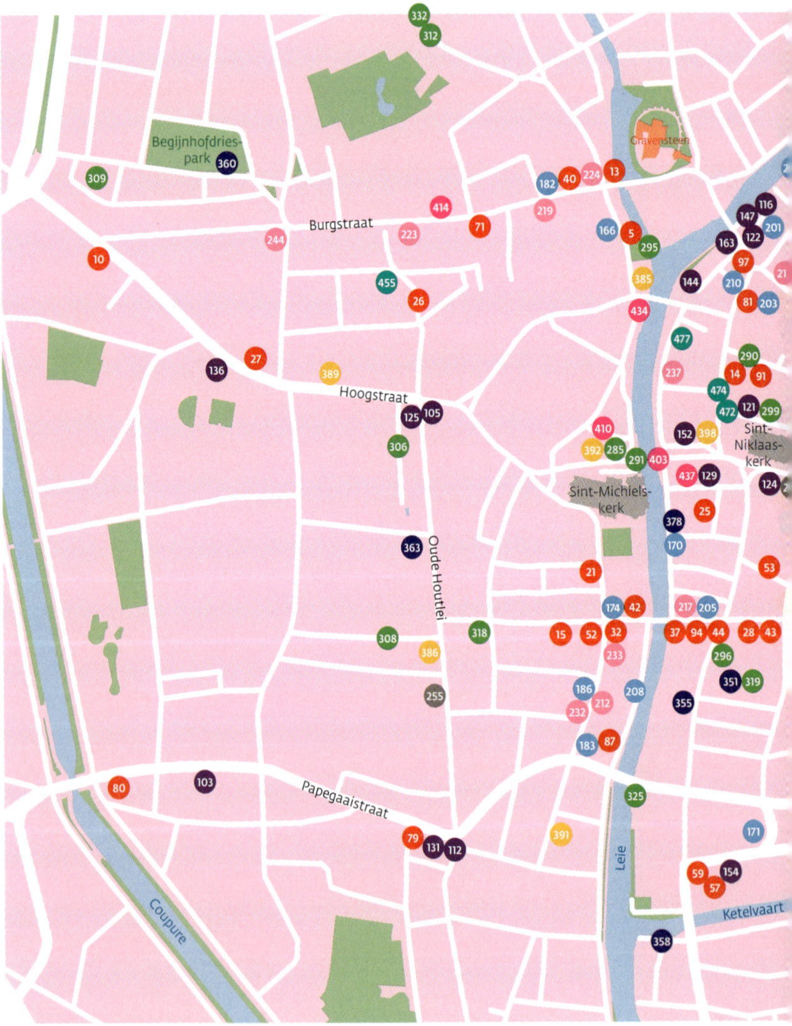

ESSEN – TRINKEN – SHOPPEN – MODE & DESIGN – ARCHITEKTUR – ENTDECKEN – KULTUR – SCHLAFEN – WOCHENENDAKTIVITÄTEN – QUERBEET

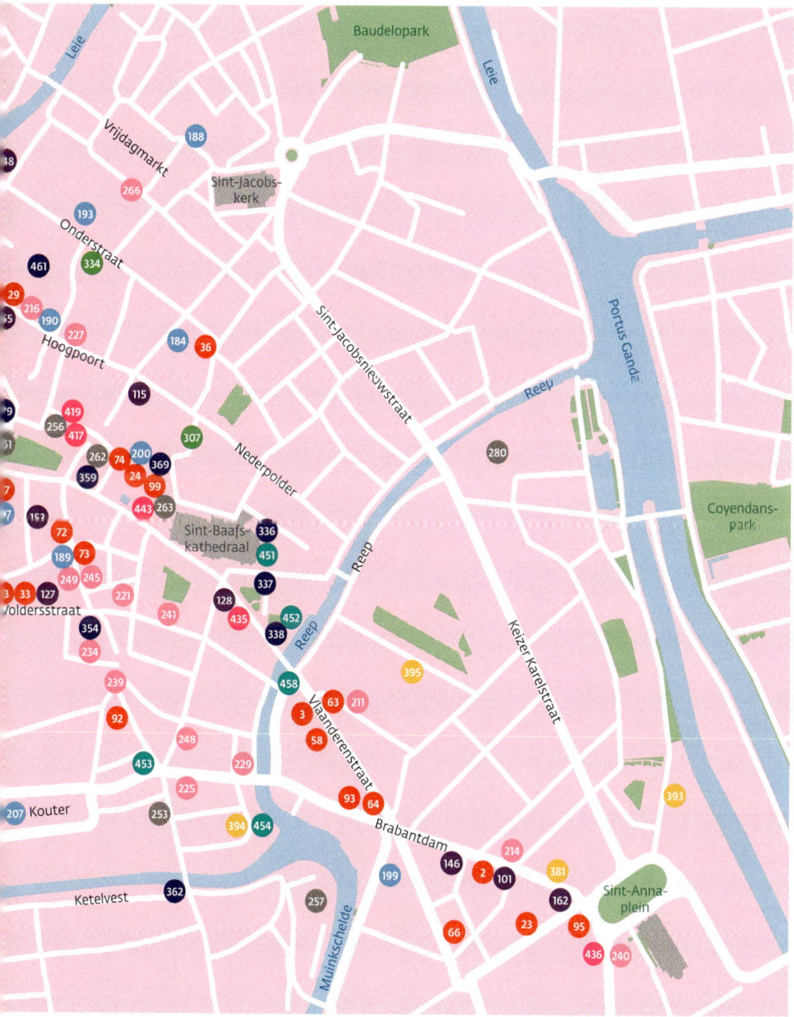

ESSEN – TRINKEN – SHOPPEN – MODE & DESIGN – ARCHITEKTUR – ENTDECKEN – KULTUR – SCHLAFEN – WOCHENENDAKTIVITÄTEN – QUERBEET

Karte 2

PATERSHOL

ESSEN – TRINKEN – SHOPPEN – MODE & DESIGN – ARCHITEKTUR – ENTDECKEN – KULTUR – SCHLAFEN – WOCHENENDAKTIVITÄTEN – QUERBEET

Karte 3

SINT-JACOBS-VIERTEL

ESSEN – TRINKEN – SHOPPEN – MODE & DESIGN – ARCHITEKTUR – ENTDECKEN – KULTUR – SCHLAFEN – WOCHENENDAKTIVITÄTEN – QUERBEET

Karte 4

BIJLOKE-VIERTEL *und*

ESSEN – TRINKEN – SHOPPEN – MODE & DESIGN – ARCHITEKTUR – ENTDECKEN – KULTUR – SCHLAFEN – WOCHENENDAKTIVITÄTEN – QUERBEET

UNIVERSITÄTSVIERTEL

ESSEN – TRINKEN – SHOPPEN – MODE & DESIGN – ARCHITEKTUR – ENTDECKEN – KULTUR – SCHLAFEN – WOCHENENDAKTIVITÄTEN – QUERBEET

Karte 5

BAHNHOFSVIERTEL *und*

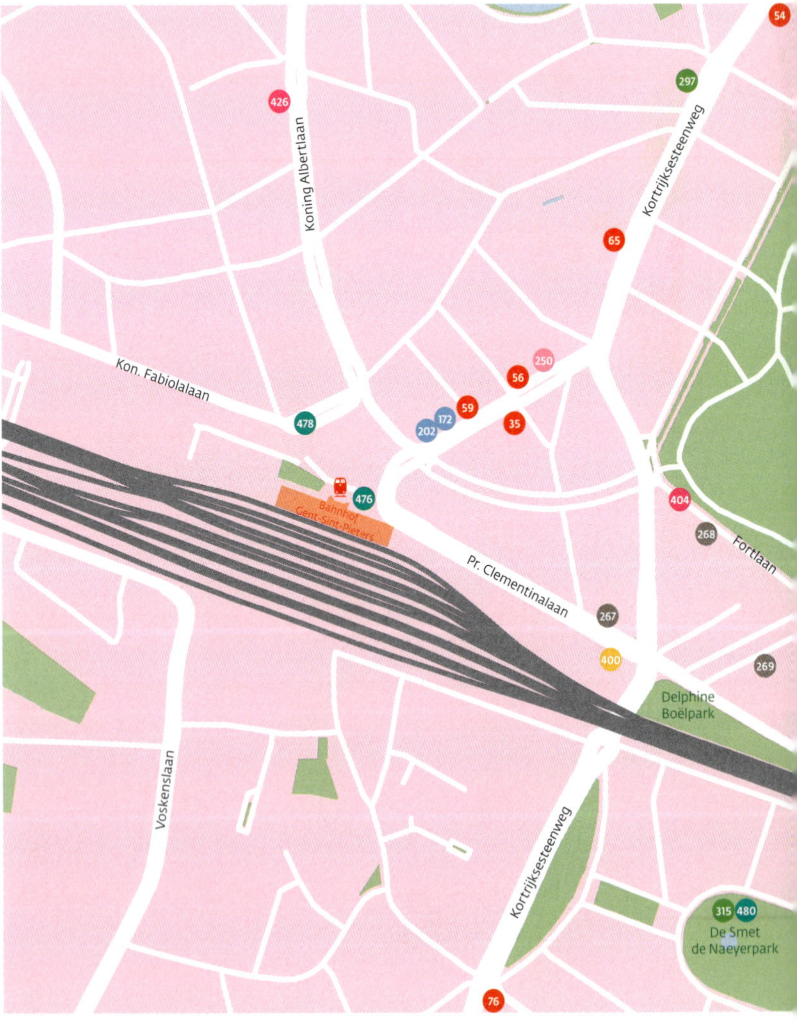

CITADELPARK

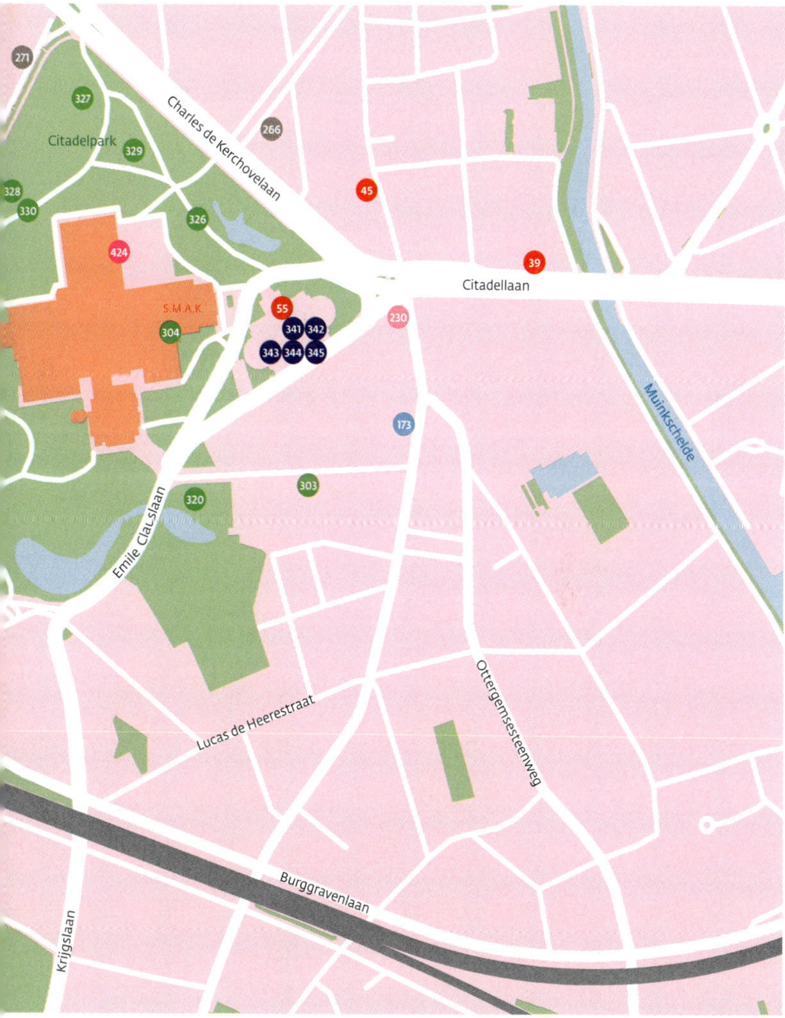

ESSEN – TRINKEN – SHOPPEN – MODE & DESIGN – ARCHITEKTUR – ENTDECKEN – KULTUR – SCHLAFEN – WOCHENENDAKTIVITÄTEN – QUERBEET

Karte 6

DAMPOORT

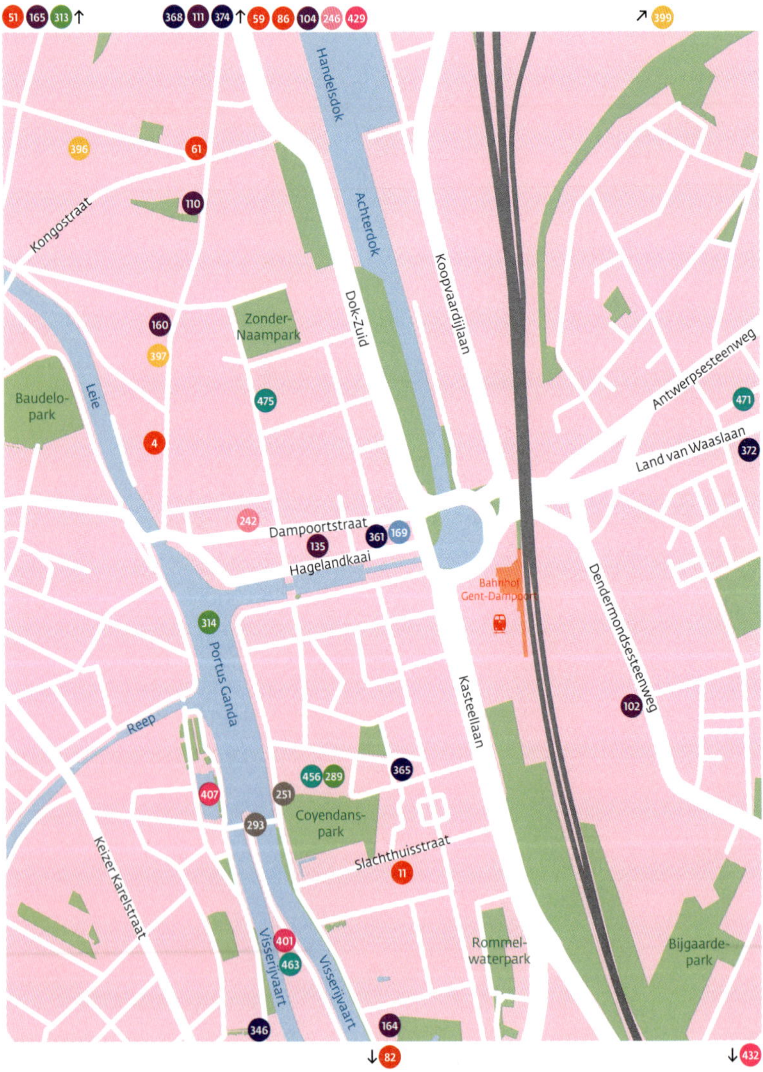

ESSEN – TRINKEN – SHOPPEN – MODE & DESIGN – ARCHITEKTUR – ENTDECKEN – KULTUR – SCHLAFEN – WOCHENENDAKTIVITÄTEN – QUERBEET

100 ORTE, UM GUTES ESSEN ZU GENIESSEN ODER ZU KAUFEN

5 Top-Restaurants für
NEUE FLÄMISCHE KÜCHE

1 **ROOTS**
Vrouwebroersstraat 5
Patershol ②
+32 (0)9 310 67 73
rootsgent.be

Vor Eröffnung seines eigenen Restaurants in einem Backsteingebäude in Patershol arbeitete der junge Kulinarikrebell Kim Devisschere bei Spitzenkoch Olly Ceulenaere. An einem intimen Ort mit lässigem Ambiente kreiert er seine erschwingliche Küche mit auffälligen Aromen und ausgefallenen Gemüsesorten. Im Sommer ein besonderer Ort: der ummauerte Garten im Hintergrund.

2 **SOUVENIR GENT**
Brabantdam 134
Stadtzentrum ①
+32 (0)9 335 60 73
souvenir.gent

Nach Jahren in Ypern zog der renommierte isländische Küchenchef Vilhjalmur Sigurdarson 2018 nach Gent. In seinem kleinen, entspannten Restaurant am Rand der Altstadt, eingerichtet im nüchternen skandinavischen Stil, zaubert er großartige Gerichte aus einfachsten lokalen Zutaten wie Gemüse von regionalen Bauernhöfen und fangfrischem Fisch aus der Nordsee.

3 **VRIJMOED**
Vlaanderenstraat 22
Stadtzentrum ①
+32 (0)9 279 99 77
vrijmoed.be

Das Interieur ist eher nüchtern, mit nackten Holzdielen, weißen Wänden und gestärkter Tischwäsche, doch das Essen einfach umwerfend, wie ein Fischgericht mit geräuchertem Aal, Granny-Smith-Äpfeln, Fenchel, Zitrone und japanischem Dashi (Fischsud). Reservierung ist obligatorisch (und leider zuweilen schwierig!).

4 **PUBLIEK**
Ham 39
Dampoort ⑥
+32 (0)9 330 04 86
publiekgent.be

Grob verputzte Backsteinwände und Vintage-Stühle aus dem Speisesaal einer Schule. Das neue Domizil von Olly Ceulenaere mag streng aussehen, doch das Essen ist alles andere als schlicht. Der Küchenchef arbeitete in führenden Gourmettempeln des Landes, bevor er 2014 sein eigenes Restaurant eröffnete. Seine großartigen Menüs stecken voller Überraschungen.

5 **NATURELL**
Jan Breydelstraat 10
Stadtzentrum ①
+32 (0)9 279 07 08
naturell-gent.be

In seinem 2014 eröffneten neuen Konzept restaurant am Leieufer versucht Lieven Lootens, ein theatralisches Speiseerlebnis zu inszenieren, das alle Sinne anregt. Lootens, der sich für die Suche nach frischesten Zutaten der Region die nötige Zeit nimmt, versteht es geschickt, schlichte lokale Gemüsesorten wie Kohl in ein besonderes Gericht auf dem Teller zu verwandeln.

Die 5
COOLSTEN SPEISELOKALE

6 **VOLTA.**

Nieuwewandeling 2B
Bijloke-Viertel ④
+32 (0)9 324 05 00
voltagent.be

Das bemerkenswerte Restaurant logiert in der riesigen Turbinenhalle eines ehemaligen Kraftwerks am Rand der Altstadt. Fliesenböden und unverputzte Ziegelwände betonen den Industrial Look seines Interieurs. In einer offenen Küche bereiten die Köche aus frischen Zutaten moderne, innovative Gerichte zu. Und zur Einstimmung gibt es ein Gläschen Wein in der Bar auf dem Zwischengeschoss mit Blick auf das eindrucksvolle Industrieambiente.

7 **DE SUPERETTE**

Guldenspoor-straat 29
Universitätsviertel ④
+32 (0)9 278 08 08
de-superette.be

Der renommierte Spitzenkoch Kobe Desramaults eröffnete 2014 sein hippes neues Restaurant mit Bäckerei in einer ruhigen Nebenstraße im ehemaligen Eckladen Superette Edwin, der in ein markantes Loft mit rohen Backsteinmauern, Secondhandmöbeln und Holzofen verwandelt wurde. Sie können sich ein rundes Sauerteigbrot an der Theke abholen oder Platz nehmen zum Frühstück, Mittag- oder Abendessen. Die Mannschaft arbeitet hoch ambitioniert – die Preise sind entsprechend!

8 **BABU**

Sint-Pieters-nieuwstraat 9
Universitätsviertel ④
+32 (0)478 80 28 59
ba-bu.be

Der belgische Spitzenkoch Gert De Mangeleer verlagerte seine Talente von der gehobenen Küche zu zwanglosem asiatischem Streetfood. Inspiriert von den Straßenständen Bangkoks und Hongkongs, eröffnete er im Studentenviertel ein lockeres Lokal, das selbst gebackene »Bunners« im Burgerstil serviert – wie »Boston« (mit Pulled Pork und Krautsalat) oder »Brighton« (mit gebackenem Fisch). Und da man sich in Gent befindet, gibt es natürlich auch vegetarische Varianten.

9 **UNCLE BABE'S BURGER BAR**

Sluizekenstraat 2
Patershol ②
+32 (0)9 278 89 19
unclebabes.com

Das nette Burger-Restaurant erinnert an einen typisch amerikanischen Diner – mit großen Glasfenstern, Blick auf eine belebte Verkehrskreuzung und Vorliebe für Songs der 1950er. Die freundliche Belegschaft naht mit Gläsern voller Wasser, sobald man sich setzt, und die Burger aus bestem Fleisch werden in einer Metallschale mit Schnitzen von Bratkartoffeln serviert. Meist bis 2 Uhr früh geöffnet.

10 **OAK**

Hoogstraat 167
Stadtzentrum ①
+32 (0)9 353 90 50
oakgent.be

Marcelo Ballardin arbeitete bei Spitzenkoch Heston Blumenthal, bevor er 2014 in Gent ein eigenes Lokal eröffnete. Der junge italienisch-brasilianische Koch perfektionierte einen Küchenstil, der frischeste Zutaten auf innovative Art verbindet. Das entspannte, moderne Interieur bildet dafür den perfekten Rahmen.

5 tolle Lokale, wo
EINHEIMISCHE ESSEN

11 **HET GOUDEN HOOFD**
Slachthuisstraat 96
Dampoort ⑥
+32 (0)487 20 65 01
hetgoudenhoofd.be

Das alte Schild des »Goldenen Kopfes« stammt noch aus einer Zeit, als ein Fleischgroßhändler das Gebäude einnahm. Ein Interieur im Industrial Style aus rohen Ziegelwänden und weißen Fliesen; Tische, Lampen und historische Plakate stammen aus Secondhandläden im Sint-Jacobs-Viertel. Gekocht wird nach beliebten belgischen Rezepten wie Kaninchen mit Backpflaumen; die Bierkarte umfasst auch viele lokale Spezialitäten.

12 **DE STOKERIJ**
Tichelrei 2A
Patershol ②
+32 (0)9 279 95 85
destokerij-gent.be

Die freundliche Brasserie im Besitz zweier Brüder logiert in einer auffälligen weiß getünchten ehemaligen Schnapsbrennerei mit blanken Backsteinmauern und großem Eisenkamin. Gekocht wird eher deftig, darunter Klassiker wie *Stoverij* (flämischer Schmorfleischeintopf) oder Steaks, aber auch manches ohne Fleisch.

13 BODO

Burgstraat 2
Stadtzentrum ①
+32 (0)9 256 29 00
bodo.gent

Junges Publikum liebt das entspannte, moderne Lokal mit Blick auf Burg Gravensteen (vom Hinterzimmer) und Interieur im Nordic Style – viel helles Holz, Vintage-Stühle und Kakteen. Für ihre schmackhafte, erschwingliche Küche wandelt die junge Chefin Lore Moerman traditionelle flämische Gerichte, wie *Stoemp* (Kartoffel-Möhren-Stampf) und *Worst* (Würstchen), mit eigenen Akzenten ab.

14 DU PROGRES

Korenmarkt 10
Stadtzentrum ①
+32 (0)9 225 17 16
duprogres.be

Ein klassisch-flämisches Restaurant, das seit drei Generationen von derselben Familie geführt wird. Im strengen Innenraum dominieren dunkle Holzvertäfelung, Lederbänke und Spiegelreihen. Die Kellner arbeiten freundlich und effizient, die Gerichte sind, wie man es in einer Brasserie erwartet – Steak, Fritten und eine Karaffe Rotwein für ein perfektes Mittagessen.

15 'T OUD CLOOSTER

Zwarte Zusters-straat 5
Stadtzentrum ①
+32 (0)9 233 78 02
toudclooster.be

Das gemütlich-dunkle Restaurant mit Kerzenschein ist der perfekte Ort für einen regnerischen Winterabend, ein ehemaliges Kloster, ausgestattet mit langen Holztischen, Heiligenstatuen und Buntglasfenstern. Die Küche bietet solide flämische Kost wie einen schmackhaften Genter Eintopf, der in dunklem Chimay-Bier geschmort wird.

5 gute Tipps für
ITALIENISCHE KÜCHE

16 **PER BACCO**
Sint-Jacobs-nieuwstraat 56
Sint-Jacobs-Viertel ③
+32 (0)9 324 83 32
perbacco.be

Mit ihrer entspannten Osteria »Oh mein Gott«, eröffnet 2006 in einem alten Laden, schufen die italienischen Eigentümer einen netten Ort für Essen und Wein ihres Heimatlandes – eine Kombination aus Restaurant, Lebensmittelfachgeschäft und Weinhandlung. Der kleine, weißwandige Innenhof betont bei Sonnenschein das Italienfeeling.

17 **APERTO CHIUSO**
Sleepstraat 82
Patershol ②
+32 (0)9 233 72 64
apertochiuso.be

Die Front eines Fiat 500 samt großer Italienkarte im Fenster weist den Weg … Die Einheimischen lieben dieses kleine Restaurant, man sollte also reservieren! Die Bedienungen sind freundlich (wenn auch zuweilen überfordert), die Gerichte aus der kleinen, offenen Küche köstlich und authentisch.

18 **VIVA LA PUGLIA**

Sint-Lievenspoort-straat 224
Universitätsviertel ④
+32 (0)9 224 28 06
vivalapuglia.be

Die nette Trattoria in einem ruhigen Viertel abseits des Tourismusbetriebs präsentiert sich traditionell italienisch mit eher schlichtem Innenraum und authentischer Küche. Die *Scaloppina piccata* wird Sie schnell davon überzeugen.

19 **IN BOCCA 'LUPO**

Corduwaniers-straat 63
Patershol ②
+32 (0)9 224 25 42
inboccalupo.be

Bei diesem authentischen Italiener in einem restaurierten Gebäude im Viertel Patershol prägen weiße Wände und Eichenbalken das warme, rustikale Ambiente. Die Küche steht für unaufwendige italienische Klassiker von *Spaghetti alla puttanesca* bis hin zu *Tiramisù*. Aber das ist ja oft schon alles, was man von einem Restaurant erwartet ...

20 **OTOMAT**

Kleine Vismarkt 3
Patershol ②
+32 (0)9 278 04 04
otomat.be

Diese neue Pizzeria nicht weit von Burg Gravensteen erinnert an ein Eckchen in Brooklyn. Der Innenraum strahlt eine entspannte Stimmung aus, mit unverputzten Backsteinmauern, Holztischen und Hängepflanzen. Die Pizzen mit dünnem Teigboden (hergestellt mit Hefe von Duvel-Starkbier) werden nicht nur klassisch, sondern oft mit ungewöhnlichen Zutaten belegt, wie Chicorée, Erdbeeren oder Schokoladensauce. Ordern Sie dazu einen Beilagensalat und ein Craftbier aus einer der kleinen belgischen Brauereien.

5 *Empfehlungen für*
ROMANTISCHE RESTAURANTS

21 **ALICE**
Onderbergen 6
Stadtzentrum ①
+32 (0)9 277 92 35
alice-gent.be

Eric de Wagenaere gründete das nostalgische Lokal, das der bürgerlichen Küche seiner verstorbenen Mutter Alice gewidmet ist – drei Räume im »Boudoirstil« mit Empirestühlen, barock bemalten Decken und Familienfotos. Die freundlichen Kellnerinnen in schwarzen Kleidern mit Schleifen im Haar bringen die Speisekarte in Form eines kleinen rosa Buchs. Für manchen vielleicht ein bisschen putzig, doch das Speisenangebot ist wirklich gut, ob Croissants zum Frühstück, selbst gebackene Kuchen oder lokale Biere.

22 **ÉÉN TWEE VIJF**
Molenaarsstraat 125
Patershol ②
+32 (0)9 311 52 15
eentweevijf.be

Das informelle Gastropub mit Bistroambiente, eröffnet 2018 von dem renommierten Chefkoch Tomek Mroszczak in einem ehemaligen Café am nördlichen Rand der Altstadt, zieht mit anspruchsvoller moderner Küche die Feinschmecker der Stadt an. Der Restaurantname nimmt Bezug auf die Hausnummer.

23 **FAIM FATALE**
Zuidstationstraat 14
Stadtzentrum ①
+32 (0)9 269 04 48
faimfatale.be

Das charmante kleine Restaurant logiert in einem Stadthaus aus dem 19. Jahrhundert mit offenem Kamin im Winter. Der Küchenchef serviert einfallsreiche Kreationen aus ungewöhnlichen Zutaten. Und an Sommerabenden sitzt man im kleinen Innenhof.

24 **DE FOYER**
Sint-Baafsplein 17
Stadtzentrum ①
+32 (0)9 234 13 54

Der Innenraum dieser schönen Brasserie im 1. Stockwerk eines Stadttheaters aus dem 19. Jahrhundert punktet mit alten, holzgetäfelten Wänden, gepflegten schwarzen Tischen und Topfpalmen. Die Küche serviert monatlich wechselnde Menüs nach traditionellen belgischen und französischen Rezepten.

25 **PAKHUIS**
Schuurkenstraat 4
Stadtzentrum ①
+32 (0)9 223 55 55
pakhuis.be

Diese riesige, moderne Brasserie auf zwei Ebenen wurde in einem imposanten ehemaligen Lagerhaus für Textilien untergebracht. Etwas versteckt in einer Seitenstraße gelegen, ist sie ein lebhafter, angenehmer Ort für ein romantisches Abendessen. Weitere Pluspunkte: die Austernbar, freundliche Bedienung und eine sonnige Terrasse.

5 *Adressen für*

AUTHENTISCHE ASIATISCHE KÜCHE

26 **RAMEN**
Oudburg 51
Stadtzentrum ①
+32 (0)494 20 11 25
ramen.gent

Jeder liebt die winzige japanische Nudelbar, entworfen von Studio Simple, in der das Menü auf weiß gefliesten Wänden steht. Die Gäste sitzen an der Theke und essen aus großen Porzellanschalen. In der winzigen Küche entstehen schmackhafte Gerichte wie *Ramen*-Nudelsuppe und *Gyoza* (kleine gefüllte Teigtaschen).

27 **A FOOD AFFAIR**
Hoogstraat 58
Stadtzentrum ①
+32 (0)9 224 18 05
afoodaffair.be

Ein winziges Lokal mit Flair. Küchenchef Laurent Locquet lernte jahrelang die asiatische Kochkunst und ließ sich dann in Gent nieder. Auf seiner Karte stehen Abwandlungen klassischer Gerichte der thailändischen und vietnamesischen Küche, deren Schärfe sich im Rahmen hält.

28 **YOKOSO**
Voldersstraat 17A
Stadtzentrum ①
+32 (0)473 61 10 72
yokososushi.eu

Im innovativen *Yokoso* (jap. »willkommen«) entstehen Sushi-Röllchen auf Bestellung. Nach Auswahl der Zutaten geht alles automatisch. Man isst an einer langen Theke mit Blick auf die lebhafte Voldersstraat. Auch Sushi-Boxen zum Mitnehmen.

29 AMATSU

Hoogpoort 29
Stadtzentrum ①
+32 (0)484 56 76 77
amatsu.be

Das schlichte Japanrestaurant liegt in einem großen Stadthaus nahe dem *Stadthuis*. Alles wird frisch zubereitet und höchst ansprechend präsentiert. Der Besitzer stammt aus China und beschäftigt einen japanischen Küchenmeister, der die hohe Kunst der Sushi-Zubereitung jahrelang studierte. Das Ergebnis ist nahezu perfekt.

30 AROY AROY

Lange Steenstraat 10
Patershol ②
+32 (0)479 12 45 90
aroyaroy.be

Begeistert für die Thai-Küche, eröffneten zwei Brüder Anfang 2018 ihr Restaurant. Zwangloses Ambiente, schlichtes Mobiliar, exotische Pflanzen und ein graffitiartiges großes Wandbild. Festes Menü mit Rezepten, die die Köche selbst perfektionierten, wie Hühnerspießchen mariniert in rotem Curry. Die belgischen Craftbiere passen gut dazu.

28 YUKOSU

5 *verführerische* FEINKOSTLÄDEN

31 **TRATTORIA DELLA MAMMA**
Sint-Pieters-nieuwstraat 36
Universitätsviertel ④
+32 (0)9 234 17 01
trattoriadellamamma.be

In diesem freundlichen italienischen Feinkostladen können Sie leckere kleine Gerichte wie *Zucchini ripiene* oder *Parmigiana melanzane* mitnehmen. Noch schöner aber sitzt man hinten an einem der Tische mit rot-weiß karierten Tischtüchern. Die typisch italienische Küche wird mit Brotkorb und kräftigem Rotwein serviert. An Sommertagen sorgen ein paar Tische, auf den Gehsteig gequetscht, für authentisches Italienfeeling.

32 **MOOR & MOOR**
Jakobijnenstraat 7
Stadtzentrum ①
+32 (0)495 23 69 83
moormoor.be

Yves De Moor vom Design Store Ydee gründete das coole neue Feinkostgeschäft im Herzen Gents, dessen Inneneinrichtung stilvoll angesagte Möbelmarken mit großen Topffarnen verbindet. Angeboten wird eine Auswahl an Bioprodukten, darunter Ginderella-Gin, Sauerteigbrot und selbst gemachter Ketchup. Oben kann man sich in einer kleinen Kaffeebar mit einem Espresso aus eigener Röstung niederlassen.

33 **AULA**

Voldersstraat 24
Stadtzentrum ①
+32 (0)9 225 05 14
slagerij-aula.com

Dieser Feinkostladen liegt im Herzen Gents schräg gegenüber der Universitätsaula für große Zeremonien, ein gehobenes Lebensmittelfachgeschäft für hochwertige Fleischprodukte, Käse und importierte Spezialitäten. Sie können hier auch essen auf einem Hocker an der Mittagstheke, während die beiden Köche in der offenen Küche arbeiten. Probieren Sie den Hühnersalat mit einem Glas trockenen Weißwein.

34 **EDGAR KAASBAR**

Steendam 62
Sint-Jacobs-Viertel ③
+32 (0)477 81 09 69
edgarkaasbar.be

Mit Eröffnung ihres Lokals verwirklichte Eline Goossens 2017 das Konzept einer kombinierten Käse- und Weinbar. Angeboten wird hier eine Käseauswahl, die je nach Saison wechselt. Ein höchst zwangloser Ort mit angegliedertem kleinem Hof für den Sommer, wo man ungewöhnliche Käsesorten aus ganz Europa probieren kann.

35 **TOULOUSE**

Koningin Elisabethlaan 41
Bahnhofsviertel ⑤
+32 (0)9 242 02 49
traiteurtoulouse.slagerij-online.be

Das wunderbare neue Delikatessengeschäft eröffnete 2013 nicht weit vom größten Bahnhof Sint-Pietersstation und bietet leckere Gerichte zum Mitnehmen nach belgischen und französischen Rezepten. Daneben verkauft man hier einfallsreiche Lunchboxen aus Karton, die Suppe, Sandwich und ein Getränk enthalten.

5 schöne Restaurants
FÜR VEGETARIER

36 **DE WAREMPEL**
Zandberg 8
Stadtzentrum ①
+32 (0)9 224 30 62
warempel.be

Das Lokal in einem alten Sanitätshaus, das über der Tür noch dessen Namen trägt, liegt versteckt in einer ruhigen Seitenstraße. Ein heller, entspannter Raum mit schwarzen Holzmöbeln, weißen Wänden und Hängepflanzen. Die Auswahl ist begrenzt, die Gerichte immer lecker.

39 **DE APPELIER**

37 **LE BOTANISTE**
Hoornstraat 13
Stadtzentrum ①
+32 (0)9 233 45 35
lebotaniste.be

Ein inspirierendes neues Restaurantkonzept, designt wie eine Apotheke mit Holzregalen, in denen sich braune Glasgefäße reihen. Mitarbeiter in weißen Laborkitteln servieren Vegetarisches aus Biozutaten. Man nimmt Platz auf einem Hocker im Hinterraum oder draußen im überdachten Innenhof mit Pflanzen.

38 **GREENWAY**
Nederkouter 42
Universitätsviertel ④
+32 (0)9 269 07 69
greenway.be

Paul Florizoone eröffnete 1996 das vegetarische Fast-Food-Restaurant mit nettem Personal und kreativer Karte, bis heute einer der coolsten Orte in Gent, um schnell vegetarisch zu essen. Einheimische schauen vorbei, um Veggie-Burger, Kebab-Wraps oder vegane Brownies zu kaufen.

39 **DE APPELIER**
Citadellaan 47
Citadelpark ⑤
+32 (0)9 221 67 33
deappelier.be

Das vegetarische Lokal in einem Stadthaus des 19. Jahrhunderts am Rand des Univiertels besteht seit etwa 1980. Man kann wählen zwischen Suppe, Salat oder vegetarischem Tagesgericht, Kinder nehmen das Gemüse, das sie gerne mögen. Im Sommer bietet sich zum Essen der angenehme Garten hinterm Haus an.

40 **EPIPHANY'S KITCHEN**
Burgstraat 10
Stadtzentrum ①
+32 (0)9 329 48 42
epiphanyskitchen.com

Epiphany Vanderhaegen, Tochter der Modedesignerin Kaat Tilley, eröffnete dieses tolle vegane Lokal im Herzen Gents mit zauberhaftem Interieur (glänzende Holzböden, Wände mit abgeschlagenem Putz und »Indoor-Baum«). Interessantes Veggie-Angebot, aber auch Nicht-Veganes.

5 gute Vorschläge für
GÜNSTIGE LOKALE

41 **AYWA BEIRUT STREETFOOD**
Lammerstraat 12
Universitätsviertel ④
aywagent.business.site

Die Genter Innenarchitektin Aagje und ihr libanesischer Ehemann Elie schufen einen ungezwungenen neuen Ort im Studentenviertel und bieten schmackhaftes Streetfood aus Beirut nach traditionellen Familienrezepten an. Das Innere präsentiert sich in einem warmen, mediterranen Look mit rohen Ziegelmauern und farbenfrohem Mobiliar.

42 **BALLS & GLORY**
Jakobijnenstraat 6
Stadtzentrum ①
+32 (0)486 67 87 76
ballsnglory.be

Der belgische Fernsehkoch Wim Ballieu lässt seine Fleischbällchen von Hand aus Fleisch vom Schweinehof seines Großvaters in Westflandern fertigen, kombiniert mit Rinderhack und Kräutern. Serviert werden sie in einem hellen Brötchen mit Stampf aus Kartoffeln, Karotten, Lauch und zuweilen Spinat in einem Behälter aus Karton; einen Krug Wasser gibt es kostenlos dazu. Verspeisen kann man sie an einem langen Fenstertisch im kühlen Industrieambiente.

42 **BALLS & GLORY**

43 BEIRUTI

Voldersstraat 13
Stadtzentrum ①
+32 (0)477 88 07 43
beiruti.eu

Libanesische Küche seiner Großmutter zelebriert Nehme Darwiche in seinem entspannten Restaurant, das er mit seiner flämischen Ehefrau Caroline führt. Das Menü des Küchenchefs mit authentischem Beiruter Streetfood wie Hummus, Falafel oder *Baba Ganoush* folgt Empfehlungen eines Lebensmittelchemikers.

44 KETCHUP

Hoornstraat 1
Stadtzentrum ①

Die helle kleine Burger-Bar ist mit Reihen von *Heinz*-Ketchupflaschen dekoriert. Auf der Karte stehen Burger (hauptsächlich Fleisch, aber auch vegetarische Varianten), die auf Bestellung auf einen offenen Grill wandern und mit *Frietjes* serviert werden. Das dauert eine Weile (man wartet oben im kleinen Essbereich, bis der Name aufgerufen wird), doch das Ergebnis ist viel besser als in jedem Fast-Food-Schuppen.

45 'T WOKSKE

Overpoortstraat 112
Universitätsviertel ④
+32 (0)9 329 83 03

»Der kleine Wok«, ein authentischer Vietnamese im Herzen des Univiertels, präsentiert sich als schlichter Raum, der sich immer schnell mit Studenten füllt, die wegen des leckeren Essens und der großzügigen Portionen kommen. Der zuvorkommende Besitzer serviert ein ausgezeichnetes Zwei-Gänge-Mittagessen mit schmackhafter Suppe, Nudelgerichten und gegrilltem Fleisch. Es gibt auch leckere Miniportionen für Kinder.

5 Anlaufstellen für SUPPE & SANDWICHES

46 **SOEPPLUS**
Lammerstraat 33
Universitätsviertel ④
+32 (0)9 223 16 88
soepplus.be

Der perfekte Ort für eine dicke Erbsensuppe, die man mit dunklem Brot serviert. Barbara Defour bereitet morgens im unteren Geschoss ihrer coolen weißen Suppenbar drei verschiedene Suppen zu. Daneben kreiert sie leckere Salate und schmackhafte Sandwiches. Jeder liebt den Ort, und mittags kann es voll werden. Doch es gibt zwei große Räume oben mit Holzböden, Spielzeugkisten und Blick auf den Fluss.

47 **SOUP'R**
Sint-Niklaasstraat 9
Stadtzentrum ①
soupr.be

Kommen Sie am besten früh in das kleine Suppenrestaurant in einer Seitenstraße nicht weit vom Belfried, denn um die Mittagszeit bildet sich eine lange Schlange, in der die Genter geduldig auf eines der sechs Tagesgerichte warten, wie thailändische Garnelensuppe oder einfache Tomatensuppe mit Fleischbällchen. Ein freundlicher Ort, dicht gefüllt mit Studenten, jungen Berufstätigen und Touristen.

48 **VERLORENKOST**
Nederkouter 134
Universitätsviertel ④
+32 (0)9 329 59 34
verlorenkost.be

Die sympathische Sandwichbar führt ein junges Paar, das auf frischeste Zutaten Wert legt. Man kann vorne auf Hockern sitzen mit Trambahnblick oder etwas versteckter oben. Eine Kreidetafel verzeichnet die Gerichte, oft mit ungewöhnlichen Noten, wie *Broodje Verlorenkost* – aufgeschnittenes Baguette, gefüllt mit Hackfleisch, rohem Chicorée, Schnittlauchdressing und einem Schuss rotem Curry. Die Sandwiches entstehen auf Bestellung, was mitunter etwas dauert.

49 **SOUPLOUNGE**
Zuivelbrugstraat 4
Patershol ②
+32 (0)9 223 62 03
souplounge.be

In einer ruhigen Gasse mit Blick auf die Leie liegt die nette Suppenbar. Junge Köche bereiten in der offenen Küche in riesigen Töpfen vier verschiedene Suppen zu, die in großen Schalen mit Brot und einem Apfel serviert werden. Die Auswahl reicht von exotischen Thai-Rezepten bis zu Tomatensuppe mit Fleischbällchen. Aus Schüsseln auf der Theke fügt man Petersilie oder Croûtons hinzu. Schöner sitzt man im Obergeschoss an einem Tisch mit Flussblick.

50 **SORDO**
Lange Steenstraat 2
Patershol ②
+32 (0)479 38 89 80
soepbarsordo.be

Der freundliche Eigentümer dieser coolen Suppenbar serviert in bunten Schalen delikate Suppen. Da er selbst gehörlos ist (span. *sordo*), ermutigt er seine Gäste, Gebärdensprache zu verwenden, illustriert durch Plakate an der Wand. Ein originelles Konzept, das Barrieren abbaut.

48 VERLORENKOST

5 Spitzenorte
ZUM MITTAGESSEN

51 **WAY**
Dok-Noord 4E/001
Dampoort ⑥
+32 (0)494 07 33 22
way.gent

Dieser tolle neue Lunch Spot liegt im geschäftigen Dok-Noord – ein hoher Industrieraum mit weißen Betonwänden, Metalllampen und großen Holztischen. Man serviert gesunde, schmackhafte Gerichte wie Butternuss-Quinoa-Salat mit gerösteten Haselnüssen oder Toast mit Räucherschinken, Rotkohl und Ei. Perfekt auch der Kaffee aus eigener Röstung.

52 **LEPELBLAD**
Onderbergen 40
Stadtzentrum ①
+32 (0)9 324 02 44
lepelblad.be

Das entspannte Restaurant mit modernem Interieur logiert in einem Haus aus dem 19. Jahrhundert. Freundlicher Service und lebhafte Atmosphäre ziehen eine junge Klientel an. Auf der Karte stehen Fischgerichte, Tajines, Salate und delikater Käsekuchen. Unbedingt reservieren!

53 **NORMA**
Bennesteeg 20
Stadtzentrum ①
+32 (0)9 361 17 08
normagent.com

Ein netter Mittagsort mit leckeren Quiches und großzügigen Salaten. Man isst an mehreren Holztischen im hinteren Bereich eines Ladens, im Sommer auch in einem kleinen Garten. Schlichtes Ambiente mit ausgezeichneter Küche.

54 **KRUIDTUIN**
Kortrijksesteenweg 27
Citadelpark ⑤
+32 (0)9 311 99 89
kruidtuingent.be

Stilvolles Restaurant im Erdgeschoss eines historischen Stadthauses, das moderne Küche ins Citadelpark-Viertel bringt. Küchenchef und Team bieten eine kleine Auswahl an Gerichten mit frischesten Zutaten, darunter vieles aus dem eigenen Kräutergarten *(kruidtuin)*. An warmen Tagen speist man draußen im ummauerten Gärtchen hinter dem Haus.

55 **MUB'ART**
Fernand Scribedreef 1
Citadelpark ⑤
+32 (0)9 221 44 89
bongoesta.be

In der freundlichen Brasserie im Keller des *Museum voor Schone Kunsten* kann man nach einem Morgen mit flämischen Meistern günstig zu Mittag essen – in minimalistischem Ambiente oder im Sommer auf der schattigen Gartenterrasse. Serviert werden einfache Gerichte wie selbst gemachte Suppen, Steaks oder Quiche, neben saisonalen Spezialitäten.

55 MUB'ART

5 *Top-Adressen für*
BROT & KUCHEN

56 **JULIE'S HOUSE**

Kraanlei 13
Patershol ②
+32 (0)9 233 33 90
julieshouse.be

Koningin Elisabethlaan 26
Bahnhofsviertel ⑤
+32 (0)9 383 86 08

Achten Sie auf das Fenster mit den rosa Cupcakes, Julie Stampaerts kleinen Laden, in dem sie sensationelle Kuchen, Tartes und andere süße Verführungen verkauft. Das Geschäft in einem restaurierten Gebäude aus dem 19. Jahrhundert direkt am Wasser wirkt im Inneren wie ein Puppenhaus mit wenigen kleinen Tischen, wo man einen Brunch einnehmen oder feines Backwerk probieren kann.

57 **BLOCH SHOP**

Sint-Pietersnieuwstraat 84
Universitätsviertel ④
+32 (0)9 335 00 76
bloch1899.be

CAFE THEATRE
Schouwburgstraat 7
Stadtzentrum ①

Als Blochs Teestube 2008 geschlossen wurde, erschien dies vielen wie das Ende einer Ära. Doch die 1899 gegründete Elsässer Bäckerei, eine Institution in Gent, erfand sich noch einmal völlig neu. Heute betreibt man einen *Foodtruck*, eine Teestube (im *Café Theatre*) und einen Laden *(Bloch Shop)*, in dem man traditionelles Brot, Croissants und Käsekuchen kaufen kann.

58 **JOOST ARIJS**
Vlaanderenstraat 24
Stadtzentrum ①
+32 (0)9 336 23 10
joostarijs.be

Joost Arijs eröffnete eine Konditorei zwischen den Gourmettempeln der Vlaanderenstraat. Das minimalistische Innere wird dominiert von der langen weißen Theke. Patisserie der Spitzenklasse, Schokolade und Macarons, jedes Objekt ein kleines Kunstwerk. Der Gourmetführer Gault & Millau listete ihn 2013 als »Patissier des Jahres«.

59 **HIMSCHOOT**
Groentenmarkt 1
Stadtzentrum ①
+32 (0)491 52 83 31
bakkerijhimschoot.be

Dok-Noord 7/001
Dampoort ⑥
+32 (0)467 04 90 41

Koningin Elisabethlaan 112
Bahnhofsviertel ⑤
+32 (0)467 09 27 91

Der perfekte Ort, um sich ein Johannisbeerbrötchen oder Croissant frisch aus dem Ofen zu holen. Die Bäcker backen noch die ganze Nacht im Keller des 1906 gegründeten Traditionsgeschäfts in vier kleinen Öfen 65 verschiedene Brotsorten, darunter auch ein dichtes Roggen- und ein köstliches Johannisbeerbrot. Die Warteschlangen sind oft lang, doch das stört niemanden, solange das Brot hier so viel besser ist als anderswo.

60 **BELUSO**
Kortrijksepoortstraat 5A
Universitätsviertel ④
+32 (0)9 223 87 69
facebook.com/belusooriginal

Bruno Lima aus Lissabon bäckt in seiner Kaffeebar in der trendigen Kortrijksepoortstraat seine eigene Version der *Pastéis de nata* aus Belém. Das stilvolle Interieur prägen geflieste Wände, weiße Tische und schwarze Kissen. Probieren Sie eine *Empada* zur traditionellen *Bica*, dem portugiesischen Espresso.

Die 5 besten Plätze für einen BRUNCH

61 **FRANZGUSTAV**
Ham 163
Dampoort ⑥
+32 (0)484 55 52 45
franzgustav.be

Ein stylisher Ort in der Nähe des Hafenviertels. Das sympathische Team serviert rund um die Uhr Brunch, Mittagessen oder Cocktails. Einheimische tippen hier in ihre Laptops oder lesen draußen auf der Terrasse Zeitung. Zuweilen gibt es Veranstaltungen wie eine Gin-Verkostung oder eine lokale Indie-Band tritt auf.

62 **PAIN PERDU**
Walpoortstraat 9
Universitätsviertel ④
+32 (0)9 224 18 25
painperdugent.be

Das freundliche Café mit rustikalen Holzdielen und langem Gemeinschaftstisch serviert frische lokale Speisen, darunter leckeres Brot, knusprige Croissants und delikate hausgemachte *Callas-Confitüren*. Der romantische Garten auf der Rückseite sucht seinesgleichen in der Stadt.

63 **DEN HOEK AF**
Vlaanderenstraat 1
Stadtzentrum ①
denhoekaf.com

Tom Coone gestaltete seine gemütliche Kaffeebar mit Funden örtlicher Secondhandläden. Die Theke ist mit 300 bunt gestrichenen Latten dekoriert, die Lampen wurden vom Schrotthändler gerettet. Neben Suppen in großen Schalen gibt es Kaffee eines kleinen lokalen Lieferanten.

64 BARISTA

Meerseniersstraat 16
Sint-Jacobs-Viertel ③
+32 (0)470 52 36 51
mybarista.be

Hippoliet Lippens-plein 25
Stadtzentrum ①
+32 (0)488 46 98 30

Entspanntes Café im Erdgeschoss eines alten Steinhauses, das bis vor Kurzem noch als Mühle diente. Die weißen Wände zieren 105 kleine Zeichnungen von Emilio López-Menchero, basierend auf Werken flämischer Künstler der Latem-Schule. Einen Hauch Nachmittagssonne fängt man auf der kleinen Terrasse mit Metallstühlen in der Kopfsteinpflastergasse ein. Die Filiale im Zuid-Viertel logiert in einem markanten Eckgebäude mit riesigen Schaufenstern hin zur Straße.

65 ALIX

Kortrijksesteen-weg 206
Citadelpark ⑤
+32 (0)9 328 94 38
alixtablejardin.be

Alix Aelterman serviert gesunde Küche in einem schönen alten Stadthaus, wo ihr Vater seine Arztpraxis führte. In dem großen Garten hinterm Haus versteckt sich ein geheimer Sommerplatz. Ein legerer, romantischer Ort für einen Wochenend-Brunch oder ein Picknick unter Bäumen.

62 PAIN PERDU

5 bewährte Tipps für einen NACHTIMBISS

66 **MARTINO**
Vlaanderenstraat 125
Stadtzentrum ①
+32 (0)9 225 01 04
martinogent.be

Nicht nur Studenten lieben diese Snackbar, in der man spätabends, wenn alles andere geschlossen ist, noch ein Steak, Fritten oder ein Omelett mit einem Glas Wein bekommt. Frisch renoviert in einem nüchternen, modernen Stil, zeigt sie mit großen Fotos an der Wand, wie es früher dort aussah. Eine Genter Institution, geöffnet von 18 bis 1 Uhr.

67 **MANTIS**
Oudburg 15
Patershol ②
facebook.com/ mantisgent

In dieser lebhaften lokalen Bar schaut man vorbei, um einzigartige Biere aus kleinen lokalen Brauereien zu entdecken. Die Küche mit sättigender Hausmannskost ist bis Mitternacht geöffnet. Auf der Karte stehen einfache Gerichte wie Rote-Bete-Suppe, Fischeintopf oder Hamburger.

68 **AU BOEUF QUI RIT**
Steendam 13
Sint-Jacobs-Viertel ③
+32 (0)9 233 72 27

Die Besitzerin Marianne betreibt ein einfaches Bistro im französischen Stil, dekoriert mit alten Familienfotos, Spiegeln und Regenschirmen. Während im Hintergrund Edith Piaf singt, brät sie Steaks und Lammkoteletts auf einem Holzfeuer, die mit einfachen Ofenkartoffeln und Salat serviert werden. Keine wirklich raffinierte Küche, doch man muss sich einfach in den entspannten französischen Charme verlieben. Geöffnet bis 2 Uhr morgens.

70 **GÖK II**

69 **CAFÉ GOMEZ**
Oude Beesten-markt 4
Sint-Jacobs-Viertel ③
+32 (0)499 63 64 00
cafegomez.be

Dieses neue Late-Night-Café serviert einem jungen Partypublikum auf dem Oude Beestenmarkt Bier und günstige Mahlzeiten. Benannt wurde es nach dem ehemaligen portugiesischen Fußballstürmer Nuno Gomes (!), das markante Deckenfresko – inspiriert von russischen Gefängnis-Tattoos – schuf der Genter Grafiker Benjamin Van Oost. Ideal für einen Cocktail am frühen Abend oder einen Imbiss gegen Mitternacht, wenn Sie in der Stadt aus waren. Freitag und Samstag bis 3 Uhr früh geöffnet.

70 **GÖK II**
Sleepstraat 65
Patershol ②
+32 (0)9 223 38 98
gok2.be

Die Familie Gök betreibt im türkischen Quartier drei Restaurants – Gök, Gök II und Gök Palace. Doch nicht Gök Palace ist das grandioseste, eher wirkt das Gök II wie ein »Palast«. In einem Stadthaus aus dem 19. Jahrhundert gelegen, besitzt es hohe, profilierte Decken, holzgetäfelte Wände und einen kleinen Garten für laue Sommerabende. Die Speisekarte mit Fotos aller Gerichte zeigt genau, was einen erwartet – typisch Türkisches mit viel gegrilltem Fleisch, aber auch Moussaka oder türkische Pizza. Das Essen ist recht gut, doch die Leute kommen auch wegen der freundlichen Bedienung, der lebhaften Atmosphäre und der günstigen Preise. Bis Mitternacht geöffnet.

5 Top-Adressen belgischer CHOCOLATIERS

71 **HILDE DEVOLDER**
Burgstraat 43
Stadtzentrum ①
+32 (0)495 65 52 81
hildedevolder chocolatier.be

Hilde Devolder kreiert handgefertigte Schokopralinen in ihrer Werkstatt im hinteren Teil des Ladens, die in Zellophantütchen oder Achterpackungen verkauft werden. Es gibt auch ungarische Schokoriegel von Rózsavölgyi Csokoládé neben anderen exklusiven Marken und zum Valentinstag rot dekorierte Schokoladenherzen. Ein Laden zum Verlieben!

72 **DEDUYTSCHAEVER**
Mageleinstraat 2
Stadtzentrum ①
+32 (0)9 311 50 10
deduytschaever.be

Nach einem Zwischenstopp im Antwerpener Luxusrestaurant The Jane eröffnete Jannes Deduytschaever 2020 im Herzen Gents sein feines Schokoladengeschäft. Hier kreiert er originelle Schokoladensorten mit ungewöhnlichen Zutaten wie Thymian, Zitronengras oder Ingwer. Zu seinen Spezialitäten zählen Schokosardinen und eine Kreation aus Nüssen, die er als Monkey Bar bezeichnet.

74 **LUC VAN HOOREBEKE**

73 VANDENBOUHEDE

Mageleinstraat 46
Stadtzentrum ①
+32 (0)9 222 17 81
facebook.com/chocolaterievandenbouhede

Stijn Vandenbouhede aus einer Chocolatier-Familie kennt das Gewerbe von der Pike auf. Nach einer Kochausbildung eröffnete er 2020 sein eigenes Schokoladengeschäft – innovative Produkte mit Aromaten wie einem Hauch Scotch Whisky, Roter Bete oder regionalen Tierenteyn-Senfs. In der Werkstatt unterm Laden kann man ihm bei der Arbeit zusehen.

74 LUC VAN HOOREBEKE

Sint-Baafsplein 15
Stadtzentrum ①
+32 (0)9 221 03 81
chocolatesvanhoorebeke.be

Die Familie Van Hoorebeke verkauft in einem hübschen Laden aus dem 19. Jahrhundert nicht weit von der Sint-Baafskathedraal handgefertigte Pralinen. Luc Van Hoorebeke, der das Unternehmen 1982 gründete, arbeitet heute zusammen mit seinem Sohn Cédric, der kürzlich einen eigenen Laden in der Jan Breydelstraat 1 eröffnete. Durch eine Glasscheibe im Boden sieht man in der Kellerwerkstatt Vater und Sohn bei der Kreation ihres großartigen Konfekts.

75 YUZU

Walpoortstraat 11A
Universitätsviertel ④
+32 (0)473 96 57 33
yuzubynicolasvanaiseandc.com

Nicolas Vanaise findet auf Japanreisen Inspirationen für seine handgefertigten Pralinen. Diese exquisiten Produkte mit höchst ausgefallenen Komponenten (wie aus Japan importierten frischen Yuzu-Früchten) kreiert er am Morgen frisch und geht oft sogar noch weiter, indem er einen Hauch lokaler Aromen (etwa von Ganda-Schinken oder würzigem Tierentyn-Senf) hinzufügt.

5 Anlaufstellen für
ECHTE BELGISCHE FRITTEN

76 **'T BLAUW KOTJE**
Kortrijksesteenweg 681
Bahnhofsviertel ⑤
+32 (0)9 221 79 73
frituurblauwkotje.be

Diesen Imbiss mit blauer Ladenfront und blauen Stühlen finden Sie in einem der südlichen Vororte an der Trambahnlinie 4. Obwohl er etwas vom Stadtzentrum entfernt liegt, kommen die Leute hier gern vorbei, weil der Besitzer so sympathisch ist und seine Fritten wirklich außergewöhnlich sind.

77 **MARCEL**
Ter Platen 4
Universitätsviertel ④

Ein hervorragender Pommes-Laden im Univiertel mit funktionalem Interieur in Schwarz und Weiß. Die freundlichen Damen, die ihn betreiben, wissen, wie man perfekte Fritten macht. An Sommertagen sitzt man draußen auf der Dachterrasse oder man kann die Pommes auf einer Bank unten am Wasser verzehren. Am Wochenende geschlossen.

78 DE GOUDEN SATÉ

Sint-Pietersplein 28
Universitätsviertel ④

Dieses nette Minilädchen im Univiertel verkauft knackige Fritten mit verschiedenen Saucen und kleine Fleischgerichte. An warmen Tagen kann man alles auf der Steinbank auf dem kleinen Platz gegenüber verzehren, während Radler aus allen Richtungen vorbeirasen. Geöffnet ist die ganze Nacht bis 7 Uhr morgens.

79 DE PAPEGAAI

Annonciadenstraat 17
Stadtzentrum ①
+32 (0)9 336 88 88

Im »Papagei« nimmt man sich für die Zubereitung der Fritten genügend Zeit. Jeder gibt seine Bestellung auf und wartet, bis alles fertig ist. Ein schlichtes Ambiente mit harten Sitzen, grünen Fliesen und einem Fernseher, auf dem ein belgischer Musiksender dudelt. Doch die Fritten, wenn sie fertig sind, sind einfach ein Traum! Und die kleinste Portion reicht locker für zwei.

80 FRIETKETEL

Papegaaistraat 89
Stadtzentrum ①
+32 (0)9 329 40 22

Ein äußerst beliebter Pommes-Laden, der Pflanzenöl anstelle von tierischem Fett verwendet. Hier werden die Kartoffeln täglich von Hand geschnitten und zweimal gebraten, sodass gesunde, knackige Fritten entstehen. Studenten strömen vom nahe gelegenen Universitätscampus hierher auf eine Portion Pommes, die mit einem Schlag *Stoverij* (dicker Eintopf aus Fleisch, Zwiebeln und Gewürzen) oder scharfer *Samurai*-Sauce serviert werden.

5 ausgezeichnete Läden für

LEBENSMITTEL

81 **TIERENTEYN-VERLENT**
Groentenmarkt 3
Stadtzentrum ①
+32 (0)9 225 83 36
tierenteyn-verlent.be

Dieses schöne holzgetäfelte Geschäft verkauft seit 1862 würzigen Senf und daraus hergestellte Produkte. Gegründet wurde das Unternehmen im 18. Jahrhundert von Petrus Tierenteyn, der angeblich das Rezept entwickelte, nachdem er hörte, wie sich napoleonische Soldaten über Dijon-Senf unterhielten. Der Senf entsteht nach Geheimrezept in großen Holzfässern und wird in graue Steinzeuggefäße mit Familiensignet abgefüllt. Außerhalb des Ladens auch in Belgien schwer erhältlich.

82 **LOUSBERGMARKT**
Ferdinand Lousbergskaai 33
Dampoort ⑥
lousbergmarkt.be

Der neue kleine Hallenmarkt eröffnete 2016 in einer ehemaligen Käserei. Inspiriert von mediterranen Lebensmittelmärkten in Südeuropa, bieten seine Stände Gemüse, frisches Brot und Biokäse der Kooperative Het Hinkelspel an. Man kann auch einen Kaffee trinken oder ein vegetarisches Mittagessen einnehmen, das die beiden Schwestern »Dochters van de Jaegher« in einer offenen Küche zubereiten.

83 **VISHANDEL DE VIS**
Voldersstraat 48
Stadtzentrum ①
+32 (0)9 224 32 28
devis.be

Danny Decroos fährt jeden Morgen an die Küste, um Kabeljau frisch aus der Nordsee einzukaufen. Doch nicht nur das. Manchmal fliegt er sogar nach Island für den besten Heilbutt oder besucht die Häfen Dänemarks, um die saftigsten *Maatjes*-Heringe aufzuspüren. Er verfasste Bücher über Fischküche, und sein Laden wird regelmäßig zu einem der besten im Land gewählt.

84 **HUIS DIEGENANT**
Sint-Lievenspoort-straat 228
Universitätsviertel ④
+32 (0)9 225 82 94
diegenant.be

Die Familie Diegenant ist schon seit 1878 im Wild- und Geflügelhandel tätig, und ihr Laden hat sich seit 1955 kaum verändert, als man ihn mit gelblichen Fliesen und Marmortheke ausstattete. Verkauft werden hier die besten belgischen Freiland- und Bressehühner sowie Wild aus den Ardennen.

85 **VERS**
Kortrijkse-steenweg 31
Bijloke-Viertel ④
+32 (0)475 91 19 61
versgent.be

Für seinen Bioladen gab Stef Seynaeve im Jahr 2016 eine Stellung in der Modebranche auf. Er verkauft Produkte wie rare Gemüsesorten von regionalen Bauernhöfen, Kirschen aus Limburger Obstgärten, Biosäfte, gerösteten Kaffee und Kuchen der angesagten Genter Biobäckerei Madam Bakster.

5 *Einkaufsquellen für* BIER & WEIN

86 **DE HOPDUVEL**
Dok-Noord 7/5
Dampoort ⑥
+32 (0)9 225 20 68
dehopduvel.be

Nach 36 Jahren am Ufer der Coupure bezog der spezialisierte Bierladen einen neuen Standort im Dok-Noord-Industrieareal. Zu diesem Anlass gaben die Besitzer bei der örtlichen Dok Brewing Company die Biersorte *What's Hop Dok?* in Auftrag. In den Regalen der schicken neuen Location reihen sich originelle, schwer erhältliche Biere aus der ganzen Welt aneinander, neben skurrilen lokalen Sorten wie *Bloody Belgium* oder *Brettney Spears*.

88 EVÍN

87 **L'APÉRO D'OC**

Ajuinlei 22
Stadtzentrum ①
+32 (0)472 53 53 23
laperodoc.be

In dieser hellen, modernen Weinbar mit Restaurantbetrieb am Leieufer erhält man Weine aus der Region Languedoc-Roussillon. Die Besitzerin Eva Tiétard importiert auch Oliven, Salami und Käse aus dem Südwesten Frankreichs.

88 **EVÍN**

Sint-Margrietstraat 16
Patershol ②
+32 (0)468 33 82 60
evingent.be

Die anregende kleine Weinhandlung hat auch einige rare Tropfen im Angebot. Der Inhaber entwickelt immer wieder kreative Ideen für den Weinverkauf wie After-Work-Verkostungen, DJ-Konzerte oder Dreier-Flaschenkontingente mit Punktenoten.

89 **ONA**

Nederkouter 71
Universitätsviertel ④
+32 (0)473 28 80 66
ona.gent

Ona und Arne betreiben ihre sympathische Weinbar in einem Eckgebäude eines noch unterschätzten Quartiers, das allmählich an Attraktivität gewinnt. Sie servieren Weine im Glas von bevorzugten unabhängigen Biowinzern, dazu Aufschnittplatten, geliefert von einem gehobenen Metzger nicht weit von hier.

90 **EDELROT**

Steendam 64
Sint-Jacobs-Viertel ③
wwwijnbar-edelrot.be

In einem Minilädchen mit kahlen Ziegelwänden logiert diese perfekte kleine Weinbar mit Café. Die freundlichen Besitzer bieten Bioweine von kleinen Winzern an sowie Suppen, Hummus und lokale Käsesorten. Auch der kleine Hinterhof trägt zur Magie dieser versteckten Höhle bei.

5 der besten

KAFFEERÖSTEREIEN

91 **MOKABON**
Donkersteeg 35
Stadtzentrum ①
+32 (0)9 225 71 95
mokabon.be

Ein junger Italiener gründete 1937 diese Kaffeerösterei, versteckt in einer schmalen Gasse. Ein heimeliger Ort mit gedämpftem Licht, alten Möbeln und Leuchtreklamen, Anziehungspunkt für Damen mit Schoßhunden, Studenten und Kreative, aber auch Touristen, die sich zufällig hierher verirren. Nebenan gibt es Kaffee zum Mitnehmen.

92 **SÃO PAULO**
Koestraat 24
Stadtzentrum ①
+32 (0)9 225 44 11
saopaulo.be

Duft nach frisch gebrühtem Kaffee umfängt einen gleich beim Eintreten ins São Paulo, wo man seit der Weltausstellung 1913 Kaffee röstet, aufbewahrt in einer Reihe glänzender Messingspender hinter der Theke. Auch 200 verschiedene Sorten Tee sind hier im Angebot.

93 **VANDEKERCKHOVE**
Brabantdam 55
Stadtzentrum ①
+32 (0)9 225 81 89
vandekerckhove1854.be

Die Familie Louis Vandekerckhove ist seit 1854 im Kaffeegeschäft tätig. Die Röstung der Bohnen aus Brasilien und Kenia erfolgt im Keller des Geschäfts. Es werden etwa 30 verschiedene Kaffeesorten verkauft, auch spezielle Mischungen.

94 JAVANA

Hoornstraat 7
Stadtzentrum ①
+32 (0)9 336 86 46
javana.be

Javana ist eine alte Brügger Firma, die seit 1949 Kaffee röstet. 2011 eröffnete man eine Genter Filiale in einem einstigen Käsegeschäft mit schöner Holzfassade. Der Röstkaffee wird in glänzenden Spendern aufbewahrt, der Tee in kleinen Holzschubladen.

95 FULL CIRCLE COFFEE

Zuidstationstraat 5
Stadtzentrum ①
+32 (0)479 04 81 97
fullcircleghent.com

Seriöse Kaffeebar, die 2017 in der Nähe der neuen Stadtbibliothek eröffnet wurde. Das reduzierte Interieur umfasst weiß geflieste Wände, Retro-Sessel und Topfpflanzen. Der Besitzer kredenzt seinen cremigen »Flat White« mit White Label Coffee aus Amsterdam und mit Hafermilch.

91 MOKABON

5 Genter SPEZIALITÄTEN, die Sie probieren sollten

96 **MASTELLEN**
BEI DE GENTSCHE KOEKEDOOS – BAKKERIJ PATRICK EN CLAUDINE
Goudstraat 31
Sint-Jacobs-Viertel ③
+32 (0)9 225 43 00
dutilleul-patrick.eatbu.com

Diese alte Genter Spezialität wird traditionell bei Stadtfesten gern genossen. Ein *Mastel* besteht aus einem weichen Brötchen, das halbiert, gebuttert sowie mit Zimt und braunem Zucker bestrichen wird. Anschließend wird es in Alufolie gewickelt und gebügelt, wodurch es flach wird und der Zucker karamellisiert.

97 **NEUZEN**
AUF DEM GROENTENMARKT
Stadtzentrum ①

Die skurrilen Neuzen in Nasenform basieren auf einem Rezept von 1873. Manchmal auch als *Cuberdons* bezeichnet, bestehen die *Neuzeke* (»Näschen«) aus einer harten Außenschale, die klassischerweise eine geleeartig-klebrige Himbeermasse umschließt. Sie wurden traditionell auf Holzkarren auf einem Platz nahe der Burg Gravensteen verkauft. Die beiden Händler galten als notorische Streithansl, deren Disput laut einer Tageszeitung einst in einem »Krieg der Nasen« eskalierte. Doch nachdem der eine 2020 pleiteging, verschwand sein Karren von dem Platz.

98 **GENTSE WATERZOOI**
SERVIERT IM
DE VIER TAFELS
Plotersgracht 6
Patershol ②
+32 (0)9 225 0525
viertafels.be

Dieses Genter Nationalgericht wurde traditionell aus Fischen zubereitet, die man in Leie und Schelde fing, heute verwendet man oft Huhn. Jeder Koch hat hier sein eigenes Rezept, doch immer werden Kartoffeln, Sellerie, Mohrrüben und Lauch, klein geschnitten, mit Kräutern und Gewürzen, Fisch oder Hühnerfleisch zu einem gehaltvollen Eintopf verkocht.

99 **GENTSE STOVERIJ**
SERVIERT IM 'T VOSKEN
Sint-Baafsplein 19
Stadtzentrum ①
+32 (0)9 225 73 61
tvosken.be

Der reichhaltige Eintopf besteht aus Rindfleisch, Zwiebeln und Brot, die mit Gewürzen wie Thymian und Lorbeer in dunklem Bier gekocht und mit Tierenteyn-Senf gewürzt werden. Typisch für Gent ist die Zugabe von Innereien. Mit Fritten serviert ist es ein perfektes Gericht für einen Wintertag.

100 **ROOMER**
SERVIERT IM
CAFÉ MOLOTOV
Voetweg 48
Universitätsviertel ④
+32 (0)488 35 58 47

Ein typischer Genter Aperitif, der in unverwechselbaren bauchigen Flaschen mit langem Hals verkauft wird. Er wurde vor Jahren von den Brüdern Maarten und Jeroen Roomer entwickelt, auf Basis eines alten Rezeptes von deren Großmutter für Holunderblütenwein.

65 ORTE ZUM TRINKEN UND FEIERN

5 einladende

ANGESAGTE KAFFEEBARS

101 **MADAM BAKSTER**
Brabantdam 142
Stadtzentrum ①
+32 (0)468 44 22 14
madambakster.be

Die geschäftstüchtige Köchin Laura Verhulst eröffnete 2017 ihre Kaffeebar, in der sie Kuchen aus natürlichen Rohstoffen nach eigenen Rezepten anbietet. Ein heller, moderner Ort am Rand des Rotlichtviertels mit hellen Holzmöbeln, nackten Glühbirnen und Hängepflanzen.

102 CLOUDS IN MY COFFEE

Dendermondsesteenweg 104
Dampoort ⑥
+32 (0)9 336 84 34
clouds9000.com

Der Niederländer Maurice Mentjens entwarf die legere Kaffeebar mit nackten Ziegelwänden, schwarzen Tischen und alten Schulstühlen neben einem Genossenschaftsprojekt in einem Viertel mit türkischen Bäckereien und günstigen Klamottenläden. Er betreibt auch ein B&B in einer ehemaligen Kirche.

103 GUST

Papegaaistraat 55
Stadtzentrum ①
+32 (0)9 310 49 48
gustgent.be

Ein helles, gemütliches Café zum Frühstück oder Lunch mit Holztischen und -stühlen. Der sympathische Betreiber serviert Waffeln und Pancakes zum Frühstück, frisch zubereitete Gerichte zur Mittagszeit (auch vegetarisch und vegan) und wirklich ausgezeichneten Kaffee.

104 ANA-ATTENTO

Sint-Pietersnieuwstraat 126A
Universitätsviertel ④
+32 (0)492 72 25 01

Dok-Noord 7
Dampoort ⑥

Die OR-Kaffeebar im Univiertel hatte 2009 die Szene aufgemischt. Beginn einer anspruchsvollen Kaffeekultur nach New Yorker Vorbild mit eigener Rösterei und kundigen Baristas. Unter neuem Namen (und neuen Eigentümern) logiert man heute bei gleicher Qualität mit einer zweiten Niederlassung auch im Dok-Noord.

105 LABATH

Oude Houtlei 1
Stadtzentrum ①
+32 (0)9 225 28 25
cafelabath.com

Studierende der nahen Kunstakademie Sint-Lucas (LUCA School of Arts) bevölkern vormittags die helle Kaffeebar. Ein entspannter Ort mit großen Fenstern und weißen Stühlen, untermalt von ruhiger Jazzmusik. Kaffee bester Qualität und Kuchen der Kultbäckerei Julie's House.

5 *Cafés in* MARKANTEM AMBIENTE

106 **VOORUIT**
Sint-Pieters-nieuwstraat 23
Universitätsviertel ④
+32 (0)9 267 28 20
vooruit.be

Das Café logiert im Erdgeschoss eines imposanten Kulturzentrums von 1913. Die sozialistische Organisation *Vooruit* (»Fortschritt«) besaß die Mittel für das beeindruckende Kaffeehaus – noch heute ein prächtiger Raum mit hohen Decken, Fliesenböden und klassischen Statuen. Sein Name muss wohl geändert werden, nachdem die Flämische Sozialistische Partei (sp.a) 2021 beschlossen hatte, sich in »Vooruit« umzubenennen. Einheimische wurden eingeladen, einen neuen Namen für das Zentrum zu finden, doch keiner der Vorschläge konnte sich durchsetzen.

107 **BOON**
Geldmunt 6
Patershol ②
+32 (0)480 69 43 90
boon.gent

Sara Van Damme und ihr Ehemann, Architekt Dieter, richteten im ehemaligen Eissalon Veneziana gegenüber den alten Mauern der Burg Gravensteen ein tolles Café ein, das historische Details wie Art-déco-Simse, Fliesenboden und Wandgemälde durch eine moderne Theke und stylishe Lampen effektvoll ergänzt. Ein stilvoller Ort für Kaffee und Mittagessen.

108 GRUUT STADS-BROUWERIJ

Rembert Dodoens-dreef 1
Sint-Jacobs-Viertel ③
+32 (0)9 269 02 69
gruut.be

Annick De Splenter eröffnete 2009 die Brauerei zur Wiederbelebung des mittelalterlichen flämischen Brauhandwerks von *Gruut* (mit spezieller Kräutermischung statt Hopfen). 2014 ließ man sich am neuen Standort im Industriegelände bei der Sint-Jacobskerk nieder. Der Innenraum wirkt robust mit Metallbalken, Holztischen und glänzenden Braukesseln. In der Brauerei werden fünf Gruut-Biere produziert, darunter das legendäre *Gruut Blond*.

109 STAMCAFÉ

Godshuizenlaan 2
Bijloke-Viertel ④
+32 (0)493 40 13 80
stamcafe.gent

Café des Genter Stadtmuseums in einem beeindruckenden Gebäude mit Terrasse am Wasser, betrieben von einem Cateringunternehmen, das Brunch- und Mittagsgerichte aus lokalen Bioprodukten anbietet. Nachmittags gibt es Kaffee und hausgemachten Kuchen.

110 ENTR

Ham 147
Dampoort ⑥
+32 (0)9 278 26 99
decentrale.be/nl/entr

Architekt Jan Dekeyser verwandelte eine große Garage gegenüber dem Kulturzentrum De Centrale am Rand der alten Docks in eine Industriekantine. Ihr Name nimmt Bezug auf die Klassifizierung von Schiffscontainern, die man anspielungsreich auch in die Innenausstattung integrierte. Seit 2016 entwickelte sich der Ort mit Industriearmaturen, Formica-Tischen und Besteck in alten Tomatendosen zur lebhaften Multikulti-Begegnungsstätte, wo man jederzeit Kaffee, Suppe oder ein *Gruut*-Bier erhält.

5 *Lieblingsbars der* EINHEIMISCHEN

111 **THE WAN & ONLY**
Sint-Salvatorstraat 1
Dampoort ⑥
+32 (0)9 324 31 77
wanandonly.gent

Als die Besitzer des Restaurants Bodo das älteste Café der Stadt (von 1639) übernahmen, beschlossen sie, für eine authentische Atmosphäre das historische Interieur mit Holztheke, alten Kartentischen und Fotos von Fußballmannschaften zu behalten. Der niederländische Name De Wan wurde geändert in The Wan & Only. Ergebnis ist ein cooler neuer Ort. Die Karte verzeichnet typisch regionale Gerichte. Perfekt für eine Schüssel belgischer Miesmuscheln zu einem lokalen Bier.

112 **JAN VAN GENT**
Annonciadenstraat 1
Stadtzentrum ①
+32 (0)9 256 02 03

Eine eigenwillige Nachbarschaftskneipe mit gemütlicher altmodischer Einrichtung, ramponierten Sofas, alten Holztischen und seltsamen ausgestopften Tierköpfen. Man kann hier zu jeder Tageszeit auf einen Espresso, ein belgisches Bier oder eine Schüssel Suppe hineinschneien. Der kleine, überwucherte Garten auf der Rückseite ist im Sommer ein perfekter Ort, um gemütlich bei einem Glas *Keizer-Karel*-Bier zu sitzen.

113 **ZENON**
Sint-Veerleplein 7
Patershol ②

Das Zenon ist eine sympathische Lokalbar beim alten Fischmarkt, deren Besitzer sichtlich eine Vorliebe für Griechenland hegt. Der Fliesenboden und die kleinen runden Marmortische sind typisch belgisch, skurril wirken griechische Straßen- und Autoschilder. Am 25. März, dem griechischen Nationalfeiertag, lässt der Besitzer eine große Party steigen.

114 **CAFÉ DE KARPER**
Kortrijksesteenweg 2
Bijloke-Viertel ④
+32 (0)495 28 07 07
cafedekarper.be

Die freundliche Bar verfügt über nackte Holzdielen, Holztheke und Bierfässer als Tische. Sie könnte fast ein Saloon im Wilden Westen sein, wäre sie nicht vollgestopft mit belgischen Radsport-Memorabilien. Dies macht sie beliebt auf ein spätes Bier während des Sechs-Tage-Rennens, auch belgische Fußballfans kommen bei Länderspielen gern hierher.

115 **CAFÉ DEN TURK**
Botermarkt 3
Stadtzentrum ①
+32 (0)9 233 01 97
cafedenturk.be

In diesem angeblich ältesten Lokal von Gent mischen sich Musikstudenten des nahen Konservatoriums zwanglos unter Stadträte aus dem gegenüberliegenden Rathaus. Die Kneipe geht zurück auf das Jahr 1340, manche behaupten sogar 1228, je nachdem welcher Version man Glauben schenkt. Ein eindrucksvoller Ort mit alten Fotos an den Wänden, Kerzen auf den Tischen und dezenter Jazzmusik im Hintergrund.

5 *Kneipen mit* LANGER BIERLISTE

116 **HET WATERHUIS AAN DE BIERKANT**
Groentenmarkt 9
Stadtzentrum ①
+32 (0)9 225 06 80

In dieser schönen Kneipe hoch über der Leie, voll mit Bierschildern aus Blech, staubigen Büchern und Hopfenranken, steht sichtlich das Bier im Mittelpunkt. Es gibt 16 Sorten vom Fass, wie die Hausmarke *Gandavum*, und 150 verschiedene Flaschenbiere. Die kleine Terrasse am Wasser ist perfekt für einen Sommerabend, wenn Sie das Glück haben, einen Platz zu finden.

117 **CAFÉ DE DULLE GRIET**
Vrijdagmarkt 50
Sint-Jacobs-Viertel ③
+32 (0)9 224 24 55
dullegriet.be

Diese authentische Genter Kneipe wurde nach einer mittelalterlichen Kanone auf einem nahen Platz benannt. Ihr Innenraum wirkt nicht weniger alt als diese, mit massiven Holzhockern und Bierfässern als Tische. Die Bierkarte listet 500 Sorten, darunter das Hausbier *Max*, das in einem aufwendigen Glas auf einem Holzständer serviert wird und mit einem Trinkritual verbunden ist. Dafür müssen Sie einen Schuh aushändigen, der in einem Korb an die Decke gezogen wird und dort bleibt, bis das Glas geleert ist.

118 DE BROUWZAELE

Ter Platen 17
Universitätsviertel ④
+32 (0)9 224 33 92

Die freundliche, familiengeführte Kneipe am Scheldeufer, nicht weit vom Kinepolis-Kino, bietet eine große Bierauswahl, darunter *Westmalle* vom Fass. Imposanter alter Innenraum mit nacktem, sandbedecktem Holzboden.

119 DE TROLLEKELDER

Bij Sint-Jacobs 17
Sint-Jacobs-Viertel ③
+32 (0)477 40 92 37
trollekelder.be

Stimmungsvolle Kneipe auf drei Etagen mit Ziegelwänden, schweren Holztischen und einer Art Trollmanie. Bemühen Sie sich um einen Tisch am Fenster wegen des tollen Blicks auf die Sint-Jacobskerk auf der anderen Straßenseite. Acht Fassbiere, darunter das ausgefallene *Barbar*.

120 'T EINDE DER BESCHAVING

Sint-Veerleplein 8
Patershol ②
+32 (0)9 223 18 55

Die kleine Kneipe bei Burg Gravensteen ist dekoriert mit Bierschildern. Der Name »Ende der Zivilisation« überrascht, denn es ist ein kultivierter kleiner Ort. Mit 60 Bieren auf der Karte, darunter das hervorragende *Delirium Tremens*.

119 DE TROLLEKELDER

125 **HOTSY TOTSY CLUB**

5 *Top-Lokale für*
JAZZ & BLUES

121 **MISSY SIPPY**
Klein Turkije 16
Stadtzentrum ①
missy-sippy.be

Dieser neue Musik-Hotspot in einem historischen Gebäude im Herzen Gents präsentiert Blues-Sänger und Jazzbands. Die Eigentümer tun ihr Bestes, um mit einem breit gefächerten Programm – Konzerten, DJ-Sets, Tanzabenden und gelegentlichen Gedichtlesungen – den Laden am Laufen zu halten.

122 **HOT CLUB GENT**
Schuddevisstraatje 2
(nahe Groentenmarkt 15B)
Stadtzentrum ①
+32 (0)9 256 71 99
hotclub.gent

Leicht zu übersehen, versteckt sich dieser kleine Club in einer dunklen Gasse gegenüber der alten Fleischhalle. Er wurde 2005 gegründet und nach dem berühmten Hot Club de France in Paris benannt, einer Vereinigung für authentischen Jazz. Die nachmittags noch ruhige Bar wird erst am Abend »heiß«, wenn sich Studenten und Musikfans den engen Gang hinunter drängen. Auf dem Programm stehen neben Straight Jazz auch Flamenco, Folk und Blues. Charmant ist auch der kleine ummauerte Innenhof.

122 **HOT CLUB GENT**

123 **MINOR SWING**

Ottogracht 56
Sint-Jacobs-Viertel ③
+32 (0)497 12 65 28
facebook.com/minorswinggent

Diese Minibar, in die sich ein Klavier quetscht, ist nachts ein beliebter Treff. Schauspieler, Musiker und Studenten kommen hierher auf ein Jazzkonzert oder ein letztes Bier, bevor es zurück nach Hause geht. Im Sommer werden ein paar Tische auf den Bürgersteig gestellt, die noch einen Hauch Nachmittagssonne einfangen.

124 **MANTECA**

Cataloniëstraat 2
Stadtzentrum ①
facebook.com/mantecagent

Nur wenige kennen die versteckte Cocktailbar in einem historischen Gebäude von 1673. Ihre Vorhänge sind tagsüber geschlossen, und erst gegen 16 Uhr gibt es erste Anzeichen, dass bald geöffnet wird. Der Barkeeper serviert ausgezeichnete Cocktails, die nicht zu teuer sind.

125 **HOTSY TOTSY CLUB**

Hoogstraat 1
Stadtzentrum ①
+32 (0)9 224 20 12
facebook.com/Hotsy.Totsy.Gent

Diese klassische Jazzbar, ursprünglich ein privater Club für Schriftsteller und Künstler, der dem gleichnamigen Club Al Capones in Chicago nachempfunden ist, wurde 1973 von Johan und Guido Claus gegründet. Hier präsentierte der bekannte Autor Hugo Claus, Bruder der Besitzer, 1983 seinen Roman *Der Kummer von Belgien*. Eines seiner Gedichte auf das Café ist an der Außenwand zu lesen. Die Brüder leben zwar nicht mehr, doch es ist noch immer ein gemütliches Lokal, wo bis tief in die Nacht Musik, Poetry oder Kabarett geboten wird.

5 *entspannte*
CAFÉS & COFFEEBARS

126 **SIMON SAYS**
Sluizeken 8
Patershol ②
+32 (0)9 233 03 43
simon-says.be

Die trendige Kaffeebar wurde in einem einst verlotterten, heute angesagten Teil der Stadt von Simon Turner and Christopher Joseph eröffnet, die auch ein kleines B&B im selben auffällig rot-gelb gestrichenen Art-Nouveau-Gebäude betreiben. Die Tische sind bedeckt mit handgefertigten Fliesen, die dunkelblauen Wände mit Skizzen imaginärer Flugmaschinen des Antwerpener Universalkünstlers Panamarenko übersät. Der Kaffee kommt aus einer klobigen FAEMA-Maschine, die mit Croissants und Kuchen auf der Theke steht.

127 **TAKE FIVE ESPRESSOBAR**
Voldersstraat 10
Stadtzentrum ①
+32 (0)9 311 44 96
take-five-espressobar.be

In dieser Kaffeespezialitäten-Bar schräg gegenüber der Universitätsaula kann man ganz entspannt bei einem Barista-Kaffee sitzen. Das Interieur präsentiert sich im angesagten Scandi Style mit kleinen, glänzend weißen Kacheln, verstreuten Tischchen und einem alten belgischen Fliesenboden. Vielleicht besuchen Sie hier auch mal ein Jazzkonzert am Freitag.

128 PEABERRY

Limburgstraat 24
Stadtzentrum ①
+32 (0)476 31 32 70
peaberrycoffeebar.be

Die kleine Kaffeebar nahe der Sint-Baafskathedraal besteht seit 2015. Das schmale Innere ist dekoriert mit skurrilem handgefertigtem Mobiliar, entworfen von lokalen Kreativen. Mit perfektem Kaffee aus Bohnen der angesagten Rösterei Caffènation zieht Gastgeberin Laurence viel junges Volk aus Studenten und Freiberuflern an und sorgt gelegentlich mit Indie-Band-Sessions und Kunstausstellungen für Aufsehen.

129 SPHINX

Sint-Michielshelling 3
Stadtzentrum ①
+32 (0)9 225 60 86
sphinx-cinema.be

In dem ruhigen Café, angeschlossen an das Filmkunstkino Sphinx, bereitet der Barmann vor Filmbeginn hervorragenden Illy-Kaffee zu. Oder Sie genehmigen sich ein Gläschen Cava, während Sie per freiem WLAN Ihre E-Mails checken. Mit einem der Schachspiele hinter der Bar kann man sich gut einen Nachmittag vertreiben.

130 CAFÉ ROMAIN

Walpoortstraat 13
Universitätsviertel ④
+32 (0)477 68 05 71

Das warme, ansprechende Café ist heute der Erinnerung an den lokalen Schauspieler-Regisseur Romain Deconinck gewidmet. Die Wände überziehen alte Theaterplakate und Fotos aus der Zeit, als dieser im alten Stadttheater Minnemeers das örtliche Publikum unterhielt. Die zitronengelben Metallstühle draußen auf der Terrasse schnappen sich die Gäste, sobald die Sonne kommt.

5 tolle Bars,

WO JUNGE BANDS AUFTRETEN

131 **DE LOGE**

Annonciadenstraat 5
Stadtzentrum ①
+32 (0)9 225 34 38
deloge.be

Das Café ist leicht zu übersehen, und doch zählt es zu den heimlichen Juwelen Gents, innen ausgestattet mit von Kindern bemalten Tischen, einem alten Klavier und einem Bücherregal voll mit Taschenbuchromanen. Hier kann man frühstücken, günstig zu Mittag essen oder auch nur ein Glas Wein trinken. Es gibt kostenlose Konzerte am Mittwoch- und Sonntagabend und gelegentlich literarische Veranstaltungen. Besonders schön: der geheime Salon im ersten Stock.

132 **KINKY STAR BAR**

Vlasmarkt 9
Sint-Jacobs-Viertel ③
+32 (0)9 223 48 45
kinkystar.com

Dieser alternative Musikclub besteht seit mehr als einem Jahrzehnt. Er besitzt zwei Bühnen, auf denen fast jede Band Ostflanderns schon einmal aufgetreten ist, daneben gibt es Abende für Poetry-Slams, Comedy und sogar Stepptanz. Das Kinky Star betreibt auch einen Radiosender und eine Musikakademie.

133 DE KLEINE KUNST

Ferdinand Lousbergskaai 99
Universitätsviertel ④
+32 (0)9 398 00 72
facebook.com/DeKleineKunst

Die entspannte Nachbarschaftsbar am Visserij-Kanal ist bekannt für vegetarische Gerichte und eine umfangreiche Bierkarte. An warmen Abenden sitzt man draußen bei einem *Goose Island IPA* oder frisch gezapften *St. Bernardus Abt 12*. Manchmal kann man hier auch ein informelles Blueskonzert, eine Jazz Session oder Dichterlesung erleben.

134 BAR LUME

Vrijdagmarkt 33
Sint-Jacobs-Viertel ③
facebook.com/BarLumeGent

Das lockere Musikcafé wurde 2018 vom Hot Club Gent eröffnet. Dreimal in der Woche finden hier kostenlose Konzerte mit lokalen Bands statt, die Blues, Jazz oder Flamenco spielen. Kurz, ein perfekter Ort auf ein Bier, umgeben von einem gut gelaunten Genter Publikum.

135 BARBROOS

Oude Beestenmarkt 7
Sint-Jacobs-Viertel ③
facebook.com/BarBroosGent

Von Einheimischen können Sie erfahren, dass dies früher das legendäre Café Video war. Doch das markante grüne Eckgebäude mit einer vom Street-Art-Künstler Indre bemalten Wand hat inzwischen neue Besitzer. Es ist noch immer ein entspannter Ort mit Musik von Disco bis Indie Rock. Wenn Livebands auftreten, kann es abends schon mal voll werden.

5 *höchst* **ROMANTISCHE CAFÉS**

136 **HUSET**
Hoogstraat 49
Stadtzentrum ①
husetgent.be

Ein einzigartiger Ort in einem riesigen Genter Herrenhaus. Geführt wird das Café mit Galerie von Eveline Roels, Absolventin der Kunstakademie, die selbst in diesem prächtigen Haus aus den 1860er-Jahren aufwuchs. Man sitzt auf abgenutzten antiken Stühlen unter einer Stuckdecke, während Eveline in der Küche Suppe wärmt oder eine Porzellantasse mit Kaffee bringt. Ein warmer, einladender Ort mit schönem, pflanzenbewachsenem Garten für den Sommer. »Hier kann alles Mögliche passieren«, meint die Besitzerin. Doch nicht am Wochenende, wenn geschlossen ist.

137 **GEUS VAN GENT**
Kantienberg 9
Universitätsviertel ④
+32 (0)9 220 78 25
geusvangent.be

Das Café im Geusenhaus liegt versteckt in einer Kopfsteinpflastergasse, die an der Sint-Pietersabdij vorbeiführt. Ein höchst stimmungsvoller Ort, besonders wenn man links im Raum einen Tisch bekommt, umgeben von Bücherregalen, Ölgemälden und ausgestopften Tierköpfen. Geöffnet ab 16 Uhr, bis der letzte Kunde sich in die feuchte Nacht verabschiedet.

138 ROCOCO

Corduwaniers-straat 57
Patershol ②
+32 (0)9 224 30 35

Die nette kleine Bar in einer Kopfsteinpflastergasse im Viertel Patershol eignet sich wunderbar für einen Drink spätabends. Man fühlt sich wie in einem Privatwohnzimmer mit verschiedenen Tischen und Stühlen, Bücherstapeln, reichlich Kerzen und einem alten Klavier. Der Garten hinterm Haus wirkt mit seinem vielen Grün im Sommer höchst poetisch. Hauptattraktion jedoch ist die Wirtin Betty, die seit 25 Jahren hier das Zepter schwingt. Sie mischt sich unter ihre Gäste, lädt lokale Musiker zu einem Auftritt ein oder serviert verliebten Paaren ein Gläschen ihres geheimen Liebestranks »Elixir d'Amour«.

139 DE ALCHEMIST

Rekelingestraat 3
Patershol ②
+32 (0)472 28 40 38
facebook.com/DeAlchemistGent

Die romantische kleine Kneipe gegenüber der Burg Gravensteen eignet sich perfekt, um an einem kalten, nassen Tag dort abzutauchen. Der Innenraum wirkt warm und einladend mit seiner alten Rokoko-Holzvertäfelung, Kerzen in Gin-Flaschen und einem großen, ausgestopften Hirschkopf. Zwar listet die Bierkarte einige recht interessante Genter Brauereien, doch eigentlich kommt man hierher, um einen Gin Tonic oder, wenn einem eher danach ist, ein Glas Ben Nevis Whisky zu trinken, der vor 42 Jahren abgefüllt wurde.

140 **WALRUS**

Coupure Links 497
Bijloke-Viertel ④
+32 (0)9 279 38 48
walrus-gent.be

»Besser, als zu Hause rumzusitzen«, lautet zu Recht der selbst gewählte Anspruch der Betreiber. Die einstige Bar Salon Napoleon mit Blick auf den Coupurekanal gestaltete 2012 ein junges Paar zu einem gemütlichen Café mit Vintage-Tapeten, Holzmöbeln und Billardtisch. Charmant auch die Terrasse auf der Rückseite mit frecher Strandszene an der Wand von Jannes de Schrijver. Sympathisches Publikum, ob Musikfans am Samstagabend oder lebhafte Familien mit Kindern am verregneten Sonntagnachmittag.

136 **HUSET**

5 schöne Terrassen
MIT SONNENPLATZ

141 **DE PLANCK**
Ter Platen 10
Universitätsviertel ④
+32 (0)478 76 94 16
deplanck.be

Auf dem alten Flusskahn kann man an einem warmen Sommerabend an Deck in der Sonne sitzen. Auf der Karte stehen 125 Biere, darunter die Hausmarke *Planckske*. Da das Schiff nicht weit vom Kinepolis-Kino vertäut liegt, ein Hotspot für Cineasten.

142 **ZEBRA BEACH**
Zebrastraat 32
Universitätsviertel ④
zebrabeach.be
zebrastraat.be

Der dramatisch moderne Wohn- und Kunstkomplex Zebrastraat beherbergt auch die futuristisch wirkende Bar XYZ Lounge nach einem Entwurf des Pariser Architekten Didier Faustino. In den Sommermonaten verwandelt sich ihr Innenhof in einen entspannten Stadtstrand mit flachem Pool, Liegestühlen und Livekonzerten.

143 BAR JAN CREMER

Kramersplein 5
Universitätsviertel ④
+32 (0)474 24 85 93
barjancremer.be

Die entspannte Bar wurde benannt nach einem kontroversen niederländischen Autor. Architekt Wim Goes schuf hier ein cooles Ambiente mit riesiger Terrasse auf dem Platz, hellroten Liegestühlen und verstreuten kleinen runden Tischen, die im Sommer die Stimmung eines Strandcafés erzeugen.

144 HET SPIJKER

Pensmarkt 3
Stadtzentrum ①
+32 (0)9 329 44 40

Dieses Kneipencafé mit Geschichte logiert, wie schon sein Name sagt, in einem robusten ehemaligen Getreidespeicher mit rohen Backsteinmauern und massiven Holzbalken. Passen Sie beim Eintreten auf, damit Sie nicht mit dem Kopf an den steinernen Sturz aus dem 12. Jahrhundert anstoßen. Wenn es draußen warm ist, sitzen alle gern vorne auf der Terrasse, doch nur wenige kennen die zweite kleinere Terrasse hinterm Haus, wo man sein Bier mit Blick auf den Fluss genießen kann.

145 VOORUIT-TERRASSE

Sint-Pieters-nieuwstraat 23
Universitätsviertel ④
+32 (0)9 267 28 20
vooruit.be

Dem Vooruit-Kulturzentrum wurde 2013 an der Südseite des Gebäudes eine markante Dachterrasse angefügt. Die von DIAL-Architekten entworfene Konstruktion umfasst einen hängenden Stadtgarten, in dem das Restaurant einen Teil seines Gemüses anbaut. Die besonders bei Studenten und Künstlern beliebte Terrasse ist ein legerer Ort mitten in der Stadt, um im Sommer ein Bierchen zu genießen.

5 sehr

EIGENWILLIGE LOKALE

146 **LOKAAL**
Brabantdam 100
Stadtzentrum ①
+32 (0)477 19 95 44
lokaal.gent

Ein neuer Spot zum Mittagessen ist dieses kleine Biorestaurant am Ende einer etwas schäbig wirkenden Passage aus dem 19. Jahrhundert. Das unkonventionelle Interieur wird geprägt durch eigenwillige Stühle, Vinylplatten und Kräutertöpfe. Die Betreiber servieren hier schmackhafte Gemüsesuppen und Salate aus lokal produziertem organischem Gemüse zu Kännchen mit Kräutertees.

147 **'T DREUPELKOT**
Groentenmarkt 12
Stadtzentrum ①
+32 (0)9 224 21 20
druppelkot.be

Diese kleine Geneverkneipe liegt am Ende einer schmalen Gasse. Einer der letzten Orte in Belgien, wo man den traditionellen Wacholderschnaps aus den Niederlanden probieren kann, der aus einer Mischung aus Gersten- und Roggenmalz destilliert wird. Unter den über 200 Sorten gibt es einige hausgemachte, die der Besitzer durch Zusätze wie einen Schuss Vanille oder Orange selbst herstellt.

148 **BARRAZZA**
Hoefslagstraatje 6
Stadtzentrum ①
+32 (0)472 94 53 24
wambman.com/barrazza.html

Dieter und Robin betreiben die freundliche Bar mit Terrasse in einem rosenberankten Haus aus dem 16. Jahrhundert am Ende einer ruhigen Gasse mit Aussicht auf die Leie. Vom Inneren mit Vintage-Dekor wie einem alten Radio und Fotos des Exkönigspaars Baudouin und Fabiola blickt man von den Tischen auf den Fluss.

149 **BROESSE**
Baudelostraat 13
Sint-Jacobs-Viertel ③
+32 (0)472 79 91 19
broesse.be

Die Betreiber Celine und Brent eröffneten ihr exotisches Café voll mit wuchernden Grünpflanzen im Sommer 2018. Sie können in diesem »Urban Jungle« ein Glas selbst gemachte Limonade schlürfen, während Ihnen die beiden alles Wissenswerte über die Pflege von Zimmerpflanzen erzählen.

150 **MONTPARNASSE**
Bij Sint-Jacobs 9
Sint-Jacobs-Viertel ③

Ein beliebtes Café im Durcheinander eines Antiquitätenladens gegenüber der Sint-Jacobskerk, mit Tischen eingezwängt zwischen alten Schränken, Ölgemälden und Kronleuchtern. Eher ungewöhnlich, um ein Bier zu trinken, doch nicht ohne einen entspannten Charme. Wenn am Wochenende ein Antikenmarkt auf dem Kopfsteinpflaster draußen stattfindet, wird ab 7 Uhr Brunch mit Cava serviert.

5 *witzige* COCKTAILBARS

151 **JIGGER'S**
Oudburg 16
Patershol ②
+32 (0)9 335 70 25
jiggers.be

Olivier Jacobs gründete die mysteriös wirkende Bar 2012 mit seiner Freundin unter dem Namen »The Noble Drugstore« und platzierte einen ausgestopften Fuchs mit Monokel im Schaufenster. Sie ist so winzig, dass man einen Tag im Voraus einen Tisch bestellen muss. Doch der Aufwand lohnt sich wirklich: Man fühlt sich wie in einem privaten Club, und die Cocktailkarte ist einfach außergewöhnlich.

152 **THE COBBLER**
IM HOTEL 1898 THE POST
Graslei 16
Stadtzentrum ①
+32 (0)9 273 90 20
1898thepost.com

Im 1. Stock des ehemaligen historistischen Zentralpostamts gelegen, wirkt diese stilvolle Cocktailbar des Hotels 1898 The Post wie ein typisch englischer Herrenclub mit bequemen Sesseln, Bücherregalen und offenem Kamin. Doch dies ist Gent, nicht London, die Atmosphäre daher alles andere als steif. Der renommierte Barkeeper Jurgen Nobels mixt die Cocktails, die kleine Karte bietet u. a. regionale Fleischgerichte und eine Käseauswahl.

153 **LIMONADA**
Heilige-Geeststraat 7
Stadtzentrum ①
+32 (0)9 233 78 85

Die wohl originellste Cocktailbar in Gent mit trendigem Interieur, inspiriert von dem Science-Fiction-Kultfilm *Tron*. Mit eigenwilligen Cocktails wendet sie sich speziell an ein jüngeres Publikum.

154 **CAFÉ THEATRE**
Schouwburgstraat 5
Stadtzentrum ①
+32 (0)9 265 05 50
cafetheatre.com

Dieses stilvolle Kaffeehaus auf zwei Etagen mit dunklen Holzstühlen und kleinen runden Tischen im Gebäude der Oper öffnet bereits am Morgen zur Frühstückszeit bis spät in die Nacht, wo man hier exotische, preisverdächtige Cocktails mixt. Die Toiletten im Keller sind im Stil türkischer Bäder gehalten, mit Marmorbänken, roten Kissen und gefliesten Becken. Männer benutzen die Tür mit Aufschrift »Gazou«.

155 **MOSQUITO COAST**
Hoogpoort 28
Stadtzentrum ①
+32 (0)9 224 37 20
mosquitocoast.be

Dieser unkonventionelle, entspannte Ort zieht mit seinem exotischen Interieur, inspiriert von fernen Ländern und raffinierten Cocktails, Reisende aus aller Welt an. Umgeben von Landkarten, Reiseplakaten und -führern, sitzt man drinnen auf alten Lehnstühlen und Sesseln oder mit etwas Glück draußen an einem Tisch im schattigen Garten.

5 *inspirierende Orte für* KAFFEE & MEHR

156 **BIDON**
Bisdomkaai 25
Sint-Jacobs-Viertel ③
+32 (0)495 24 76 97
barbidon.be

Ein aktueller Trend in Gent ist die Eröffnung von »Hybridcafés«, die zusätzliche Funktionen anbieten. Dieser neue Fahrradladen ist ein gutes Beispiel. Er verkauft anspruchsvolle Citybikes, skurrile Nutcase-Fahrradhelme und modische Accessoires. Dazu werden in einer hellen, modernen Kaffeebar OR-Kaffee und Croissants serviert.

157 **LE BAL INFERNAL**
Kammerstraat 6
Sint-Jacobs-Viertel ③
lebalinfernal.be

Eine entspannte Kaffeebar mit Antiquariat, nicht weit vom Vrijdagmarkt, mit robusten Backsteinmauern, Secondhandmöbeln und nackten Glühbirnen. Die Regale enthalten etwa 10 000 Bücher vornehmlich in niederländischer Sprache, die man gegen ein eigenes Exemplar eintauschen kann. Auch wenn man nichts zum Lesen findet, sitzt man hier sehr stimmungsvoll bei Kaffee oder belgischem Craftbeer. Oft spielen auch lokale Indie-Bands hier ihre aktuellen Titel.

158 MOCA

Baudelostraat 12
Sint-Jacobs-Viertel ③
+32 (0)9 311 88 21

FRISEUR:
+32 (0)497 30 98 58
mocagent.be

Auch dieser leicht skurrile Laden liegt nicht weit vom Vrijdagmarkt, vollgestopft mit antiken Möbeln, ausrangierten Maschinen und anderen Kuriositäten. Serviert wird an kleinen runden Tischen Kaffee oder *Duvel*-Bier. Oder man quetscht sich an alten Spielsachen und Schaufensterpuppen vorbei zu dem kleinen Friseursalon, der sich in einem Hinterraum versteckt.

159 BAR-BIER

Sint-Margrietstraat 18
Patershol ②
+32 (0)9 223 45 93
bar-bier.business.site

Das sympathische kleine Café, nicht weit von Burg Gravensteen, ist gleichzeitig ein Friseur. Man kann unten bei Kaffee oder Bier und einer Zeitung warten, bis man oben im Salon an die Reihe kommt. Das Interieur mit antiken Friseursesseln entfaltet einen ganz eigenen Charme. Donnerstag und Freitag bis 22 Uhr geöffnet (nur nach Voranmeldung).

160 COUPE MAISON

Ham 101
Dampoort ⑥
+32 (0)9 278 95 85
coupemaison.be

Einer der angesagtesten Spots in Gent für einen neuen Haarschnitt, zu dem auch ein Gläschen Sekt gehört. Ein stylisher, zwangloser Ort im Erdgeschoss eines renovierten Stadthauses aus dem 19. Jahrhundert. Wenn die neue Frisur vollendet ist, sitzt man mit einem Getränk und einer Zeitschrift in der eleganten Lounge. Es ist so lang geöffnet, dass man auch nach der Arbeit noch vorbeikommen kann (nur nach Voranmeldung).

5 *führende* **LOKALE BIERE,** *und wo man sie trinken kann*

161 **GRUUT BLOND**
IN DER GRUUT STADSBROUWERIJ
Rembert Dodoensdreef 1
Sint-Jacobs-Viertel ③
+32 (0)9 269 02 69
gruut.be

Das legendäre *Gruut Blond* wird in einer alten Fabrik am Fluss gebraut, wobei nach mittelalterlicher Tradition nicht wie üblich Hopfen, sondern eine geheime Kräutermischung (*Gruut*) verwendet wird. Dies ergibt ein frisches, leichtes Bier mit komplexen Aromen. Probieren kann man das *Gruut Blond* (oder seine vier Ableger) in örtlichen Cafés, aber auch direkt aus dem Fass in der Stadtbrauerei.

162 **GENTSE STROP**
IM TRAPPISTENHUIS
Brabantdam 164
Stadtzentrum ①
+32 (0)9 224 29 37
trappistenhuis.com

Gentse Strop ist ein leichtes, fruchtiges Bier mit einem Hauch Hopfen, benannt nach jener Schlinge (*Strop*), die die Rebellierenden nach einem gescheiterten Steueraufstand gegen Karl V. im 16. Jahrhundert tragen mussten. Produziert in der Nähe von Oudenaarde in der Brouwerij Roman und erst seit 2011 auf dem Markt, wurde es in Gent schnell zum Kultgetränk.

163 **GENTSE TRIPEL**
IM CAFÉ 'T GALGENHUIS
Groentenmarkt 5
Stadtzentrum ①
+32 (0)474 93 00 34
galgenhuis.be

Das Bierspezialgeschäft De Hopduvel gab dieses blonde belgische Klosterbier mit Hopfen in Auftrag. Sein Etikett ziert eine Zeichnung der berühmten drei Genter Türme, obwohl es tatsächlich außerhalb der Stadt von der Brouwerij Van Steenberge in Ertvelde (Evergem) gebraut wird. Ein starkes Bier mit komplexem Geschmack.

164 **LOUSBERG**
BEI DE BERGEN
Ferdinand Lousbergskaai 33
Dampoort ⑥
+32 (0)483 51 05 35
debergen.gent

Die Betreiber der Kooperative Het Hinkelspel brachten 2007 dieses kräftige, würzige Malzbier auf den Markt, das eine kleine Brauerei von außerhalb in limitierten Kontingenten produziert. Nur schwer erhältlich, doch einige Bars horten ein paar Flaschen davon im Keller.

165 **MY GENERATOR BROKE DOWN**
BEI DOK BREWING COMPANY
Hal 16
Dok-Noord 4B
Dampoort ⑥
dokbrewingcompany.be

Es dauerte eine Weile, bis sich Craftbeer in Gent durchsetzte, doch 2018 gründeten dort drei Bierfans die *Dok Brewing Company* in der eindrucksvollen Hal 16 auf einem ausgedehnten Industrieareal im alten Genter Hafenviertel. Hier werden verschiedene Craftbiere gebraut mit oft skurrilen Namen wie *Farmhouse Tripel*, ein norwegisches Porter, oder das India Pale Ale *My generator broke down and all I got was this lousy West Coast IPA.* Die Hausbiere kann man in der eigenen Kneipe in der Lebensmittelhalle Hal 16 probieren – neben weiteren 30 ausländischen Fassbieren.

45 ORTE ZUM SHOPPEN

5 nette

UNGEWÖHNLICHE LÄDCHEN

166 **FALLEN ANGELS**
Jan Breydelstraat 29
Stadtzentrum ①
+32 (0)9 223 94 15
the-fallen-angels.com

Isabelle Steel betreibt den nostalgischen, skurrilen Laden voll exzentrischer Objekte, benannt nach einem Posten übriggebliebener Engel aus der Zeit seiner Eröffnung 1980. Neben Engeln ist er vollgestellt mit Blechdosen und -spielzeug, Werbeartikeln oder Porzellanpuppen mit traurigen Glasaugen. Daneben betreibt die Tochter der Besitzerin ein zweites Lädchen, die ihren Kunden oft handgeschriebene Botschaften oder rote Herzchen mit in die Einkaufstüte steckt.

167 **VITS-STAELENS**
Bij Sint-Jacobs 14
Sint-Jacobs-Viertel ③
+32 (0)9 223 14 69
vits-staelens.business.site

Der kuriose Lebensmittelladen an einer Straßenecke gegenüber der Sint-Jacobskerk ist erfüllt von Düften exotischer Kräuter und Gewürze, die in kleinen Zellophantüten verkauft werden. Hier finden Sie alle nötigen Gewürze für ein vegetarisches Curry, Tee, Pasta und Trockenfrüchte.

168 **PRIEM**
Zuivelbrugstraat 1
Patershol ②
+32 (0)9 223 25 37

Dieses Traditionsgeschäft mit Rollen seltener Retro-Tapeten aus den 1950ern bis 1980ern hat sich seit der Eröffnung 1927 kaum verändert. Der Laden führt Tapeten aus Papier, Vliesfasern oder Vinyl mit Ornamenten aller Art von kräftigen Streifen bis hin zu Blumenmustern. Eine Institution in Gent, heute betrieben von den Kindern der einstigen Gründer, die heute selbst bereits weit über 80 Jahre alt sind.

169 **BURKELBLOEM**
Dampoortstraat 92
Dampoort ⑥
+32 (0)9 223 47 37

Das gut bestückte Lädchen an der Straße zum Bahnhof Dampoort überrascht mit einem Durcheinander alter Objekte wie Vogelkäfigen, verblassten Postkarten, verzierten Blechdosen oder Kaffeetassen mit Goldrand aus der Konkursmasse französischer Hotels.

170 **AGNES & MAURICE**
Predikherenlei 9
Stadtzentrum ①
+32 (0)468 56 48 18
agnesmaurice.be

Emely und Silke eröffneten ihren tollen kleinen Laden, benannt nach Emelys Großmutter Agnes und Silkes Großvater Maurice, in einem Gebäude aus dem 16. Jahrhundert am Leieufer. Er ist voll mit vielseitigen Artikeln wie handbemaltem Steinzeug, afrikanischem Schmuck, Wollmützen aus Schottland oder Schnickschnack aus Japan.

5 hübsche

INDIVIDUELLE BUCHGESCHÄFTE

171 **PAARD VAN TROJE**
Kouter 113
Stadtzentrum ①
+32 (0)9 330 08 83
paardvantroje.be

Vergessen Sie das Internet! Der »Offline-Boekhandel« »Das Trojanische Pferd« ist für Leseratten eine der Top-Adressen Belgiens. Eine Auswahl von Titeln auf Niederländisch oder Englisch in fast allen Sparten, von Bestsellern aus aller Welt bis hin zu ungewöhnlichen Titeln kaum bekannter Verlage. Das freundliche Team berät mit Sachkunde, ob es wenig bekannte niederländische Literaturklassiker oder exzentrische Graphic Novel betrifft.

172 **LIMERICK**
Koningin Elisabethlaan 142
Bahnhofsviertel ⑤
+32 (0)9 222 17 57
facebook.com/LimerickGent

Nördlich des Hauptbahnhofs ist diese unabhängige Buchhandlung ein inspirierender Ort zum Stöbern, wenn man auf einen Zug wartet – mit seriöser, oft unkonventioneller Auswahl an Titeln in Niederländisch und anderen Sprachen und angenehmer Atmosphäre. Ein originelles Museum im Hinterraum präsentiert eine skurrile Sammlung mit 160 alten Schreibmaschinen aus dem Besitz des niederländischen Schriftstellers Willem Frederik Hermans.

171 PAARD VAN TROJE

173 WALRY

174 COPYRIGHT

173 **WALRY**

Zwijnaardse-steenweg 6
Citadelpark ⑤
+32 (0)9 222 91 67
walry.be

Die schöne Buchhandlung im Kunstviertel mit entspanntem Ambiente und schickem, modernem Interieur des Genter Architekten Dirk Defraeye zieht Buchliebhaber und Studenten an. Spezialgebiete: niederländische Belletristik, Geschichte und Philosophie neben einer Auswahl zeitgenössischer spanischer und italienischer Literatur.

174 **COPYRIGHT**

Jakobijnenstraat 8
Stadtzentrum ①
+32 (0)9 223 57 94
copyrightbookshop.be

Die inspirierende Kunstbuchhandlung Hilde Pelemans (seit 1986) nimmt drei zusammenhängende Räume mit hohen Stuckdecken in einem traditionellen Stadthaus ein. Die Regale sind voll mit prächtigen Bildbänden über Architektur, moderne Kunst, Mode und Design. Daneben findet man internationale Kunstmagazine oder Publikationen in Kleinstauflagen, und gelegentlich werden Bücher vorgestellt.

175 **ATLAS & ZANZIBAR**

Kortrijkse-steenweg 19
Bijloke-Viertel ④
+32 (0)9 220 87 99
atlaszanzibar.be

In diesem eigenwilligen Reisebuchgeschäft findet man Führer und Pläne zu den entlegensten Destinationen der Welt. Die Kartenabteilung ist beeindruckend und umfasst neben Atlanten auch inspirierende Rad- und Wanderführer in Regionen Belgiens, deren Entdeckung sich noch lohnt, wie die Schlachtfelder von Ypern, die Küste oder die Ardennen. Auch gibt es einen nützlichen Plan für das ausgedehnte Fahrradnetz rund um Gent.

5 tolle

INDEPENDENT-PLATTENLÄDEN

176 **MUSIC MANIA**
Sint-Pieters-nieuwstraat 19
Universitätsviertel ④
+32 (0)9 278 23 38
musicmaniarecords.be

Dieser Eckladen beim Vooruit-Zentrum besteht seit 1969. Ihn steuern lokale DJs an, um alte Vinylplatten zu durchstöbern, auf der Suche nach raren Funden und aufregenden neuen Sounds für ihre Fans. Auch Plattenspieler und Musik-CDs.

177 **VINYL KITCHEN**
Lange Violette-straat 160
Universitätsviertel ④
+32 (0)474 25 55 06
vinylkitchen.be

Ein entspannter Laden für Secondhand-platten in einem historischen Genter Haus mit schönem altem Kachelboden. Musikfans verbringen hier Stunden, um die Kisten mit alten Vinylscheiben aus den 1960ern und 1970ern zu durchkämmen. Auch DJs kommen gerne, um nach neuen Sounds für ihre Sets zu suchen.

178 **VYNILLA**
Sint-Kwintensberg 38
Universitätsviertel ④
+32 (0)9 223 71 22
vynillarecordshop.be

Bob Driege verkauft seit über 30 Jahren Schallplatten im Studentenviertel, eine eigenwillige Mischung aus alten Vinylscheiben und wenigen Neuerscheinungen. Er liebt es, sich mit seinen Kunden über alternative Bands, Afro- und aktuelle elektronische Musik zu unterhalten.

179 **DUNE RECORDS**

Geldmunt 17
Patershol ②
+32 (0)9 225 67 84

Der 1993 gegründete Laden ist spezialisiert auf obskure Musik unbekannter Bands. Der Eigentümer ist stolz darauf, der Einzige zu sein, der den LP-Soundtrack der 1992er-TV-Serie *The Big Battalions* verkauft (Nominierung für den BAFTA Award!).

180 **CONSOULING STORE**

Baudelostraat 11
Sint-Jacobs-Viertel ③
consouling.be

Der alternative Plattenladen beim Vrijdagmarkt wurde von Betreibern des lokalen Labels Consouling Sounds gegründet. Ein entspannter, kreativer Treff mit eigenwilliger Sammlung experimenteller Platten – mit angegliederter Kaffeebar für Musikfans und Kreative.

178 VYNILLA

5 führende
DESIGN STORES

181 **PIET MOODSHOP**
Sint-Pieters-
nieuwstraat 94
Universitätsviertel ④
+32 (0)9 278 69 78
pietmoodshop.be

Christophe Verbeke, der einst in einem Pop-up-Laden Designobjekte und Mode verkaufte, betreibt heute sein Geschäft in einem ehemaligen Tante-Emma-Laden mit schönem Fliesenboden. Sein exquisites Angebot umfasst neben Möbeln auch geschmackvolle Objekte von Muller Van Severen und Maarten Baas. Ein zweiter Laden (»Workstore«) eröffnete 2018, wo der Schwerpunkt eher auf Schreibwaren, Notizbüchern und skurrilen Gadgets liegt (Hippoliet Lippensplein 22).

182 **ATELIER ECRU**
Burgstraat 18
Stadtzentrum ①
+32 (0)9 336 89 55
weareatelierecru.com

Nachdem Christophe Urbain bereits in seinen Rewind-Läden angesagte Modemarken nach Gent gebracht hatte, eröffnete er 2017 auch ein Geschäft für Interior Design in einem repräsentativen weißen Herrenhaus. Es führt anspruchsvolles Mobiliar, originale handgefertigte Schalen, originelle Möbel von Rick Owens oder farbenfrohe Designobjekte von Moroso.

183 HUISZWALUW

Onderbergen 51
Stadtzentrum ①
+32 (0)9 398 22 77
huiszwaluw.com

Ein schöner Einrichtungsladen mit blanken Holzböden, weiß getünchten Ziegelwänden und Vasen voller Blumen. Der Betreiber mit Faible für erschwingliches Design verkauft u. a. moderne Tapeten von Miss Print und Lightyears-Leuchten.

184 YD NORDIC HOUSE

Belfortstraat 8–12
Stadtzentrum ①
+32 (0)9 395 00 44
ydnordichouse.be

Inspirierender Designladen mit skandinavischen und belgischen Designmöbeln und Accessoires (Leinenwäsche, Geschirr), darunter führende Marken wie Hay (Dänemark) oder Billiani (Italien).

185 L'AMUZETTE

Krommewal 2
Sint-Jacobs-Viertel ③
+32 (0)9 398 29 80
lamuzette.be

Ophélie Van Aerde und Jean Claes eröffneten ihren Concept Store in einem alten Stadthaus: tolle Auswahl an Büchern, Vintage-Möbeln, Mode- und Küchenaccessoires. Man kann auch Kaffee trinken, eine Kleinigkeit essen oder an einer Bierverkostung teilnehmen.

181 PIET MOODSHOP

5 *pfiffige*
GESCHENKELÄDEN

186 **A.PUUR.A**
Onderbergen 56
Stadtzentrum ①
+32 (0)9 223 02 41
apuura.net

Seit 1998 verkauft Katrien Buyle geschmackvolle handgefertigte Objekte in einem Laden, den Interior Designer HUUS kürzlich im warmen Nordic Style umgestaltete. Es gibt bunte Kissen und Schalen, japanische Kimonos, aber auch handgemachte Notizbücher und Fotoalben.

187 **MUS IN EEN PLAS**
Serpentstraat 22
Sint-Jacobs-Viertel ③
+32 (0)472 90 87 25
musineenplas.be

Ein eigenwilliger kleiner Shop in einer Kopfsteinpflastergasse, voller Notizbücher, Karten, ungewöhnlicher Geschenke, Lederhandtaschen, Keramik und Kissen. Seinen Namen »Spatz in einer Pfütze« erhielt er nach einem Gedicht des Ehemannes der Besitzerin.

188 **HELEN B & VRIENDEN**
Vrijdagmarkt 28
Stadtzentrum ①
+32 (0)9 366 16 06
helenb.be

Illustratorin Helen Blanchaert verkauft in ihrem kleinen Laden am Vrijdagmarkt Porzellantassen, dekoriert mit witzigen schwarzen Tuschzeichnungen nackter Paare, bärtiger Hipster oder Fantasietiere. Ihr gediegenes Sortiment umfasst aber auch Gläser, Textilien, Sticker und Papeterie-Waren.

189 THE OTHER SHOP

Mageleinstraat 40
Stadtzentrum ①
+32 (0)9 328 00 82
theothershop.be

Das 2017 eröffnete Geschäft mit weißen Wänden, rohen Ziegelmauern und tief herabhängenden nackten Glühbirnen bietet Design aller Art, Notizbücher, Postkarten und lustige Gadgets. Inspirierend, wenn man nach einem ausgefallenen Geschenk sucht.

190 BOOKZ&BOOZE

Hoogpoort 35
Stadtzentrum ①
+32 (0)475 52 00 25
bookznbooze.be

Der ehemalige Fernsehproduzent Ief Stuyvaert verkauft in seinem originellen Shop gute Bücher und Alkohol. Belletristik und Sachbücher auf Niederländisch und Englisch, dazu je eine Flasche mit »geistreichem« Getränk, das gut zum jeweiligen Buch passt, nach der Devise: »Mit einem guten Glas Wein genießt man ein Buch noch mehr.«

190 BOOKZ&BOOZE

5 interessante Läden für ANTIQUITÄTEN

191 **HET TIJDREISBUREAU**
Ottogracht 35–37
Sint-Jacobs-Viertel ③
+32 (0)496 55 96 81
hettijdreisbureau.be

Das Genter Designerbüro Fred + Eric hatte den verrückten Einfall, einen Antiquitätenladen in ein »Zeitreisebüro« zu verwandeln. Im Schaufenster hängen Sonderangebote für Flüge in die Vergangenheit, die Visitenkarten wirken wie Gepäckanhänger von Fluggesellschaften, und eine skurrile Zeitmaschine sitzt mitten im Geschäft. Betreiber Michel Frömmer, der überraschende Funde verkauft, wie Möbel aus den 1950ern, Spielzeugautos und seltene Vinylplatten, vermietet auch Vintage-Requisiten an Filmfirmen, wie ein ausgestopftes Pferd oder eine Ritterrüstung.

192 **ANTIEK-DEPOT**
Baudelostraat 15
Sint-Jacobs-Viertel ③
+32 (0)477 43 52 95
antiek-depot.com

Ein riesiger Antiquitätenmarkt in einer ehemaligen Eisengießerei von 1902. 15 Händler teilen sich das Gebäude, deren separate Läden sich auf zwei Stockwerken verteilen. Hier findet man Objekte aller Art, ob Kinositze, dänische Designerstühle, Kinderspielzeug oder alte Türen aus Abbruchhäusern.

193 **WUNDERKAMMER**
Onderstraat 21
Stadtzentrum ①
+32 (0)478 88 77 65

Jennifer Kesteleyn eröffnete 2020 ihren in mysteriöses Dunkel getauchten Laden, voll mit seltenen Vintage-Waren für Heim und Garten. Ein vielseitiges Sortiment aus Objekten, die aus einem historischen Kuriositätenkabinett stammen könnten, wie Secondhandmöbeln, präparierten Vögeln, Architekturmodellen oder Zimmerpflanzen.

194 **GALERIE ST-JOHN**
Bij Sint-Jacobs 15A
Sint-Jacobs-Viertel ③
+32 (0)9 225 82 62
st-john.be

Eine nicht mehr genutzte Barockkapelle bei der Sint-Jacobskerk wurde 1980 zum Antiquitätenladen, vollgestopft mit alten Büchern, Druckgrafik, Kisten mit Besteck und allerlei Statuen. Besichtigen Sie in der Krypta die Gemälde belgischer Künstler aus dem 19. Jahrhundert und achten Sie auf das riesige surrealistische Wandgemälde, das vor dem Orgelboden hängt.

195 **DEPOT09**
Nieuwevaart 118
Norden ②
+32 (0)486 89 73 85
depot09.be

In einem ausgedehnten Industriegelände im Hafenviertel präsentieren 15 belgische und niederländische Händler Secondhandmöbel, Leuchten und Designobjekte. Hier finden Sie Emailschilder, Tische aus den 1950ern, historische Büromöbel und skurrile Objekte, die ein modernes Loft humorvoll akzentuieren. Sie erreichen das Areal auch problemlos mit dem Auto, falls Sie etwas auf der Website entdecken …

191 **HET TIJDREISBUREAU**

5 *romantische*
BLUMENLÄDEN

196 **ROZEN DOEN BLOZEN**
Wijzemanstraat 6
Sint-Jacobs-Viertel ③
+32 (0)9 279 39 92

Anne-Catherine Platel verkauft, wie schon der Name verrät, Rosen in ihrem romantischen kleinen Laden mit hellblau verwitterter Fensterfront nördlich der Sint-Jacobskerk. Sorten mit poetischen Namen wie Upper Secret oder Deep Water, aus denen sie wunderschöne Sträuße bindet.

197 **NICK BOUSSE**
Sint-Niklaasstraat 10
Stadtzentrum ①
+32 (0)9 233 22 33
nickbousse.be

Nach seinem Abschluss als Meister der Floristik in den Niederlanden eröffnete Nick Bousse in Gent sein hübsches Blumenlädchen. Hier kombiniert er für seine fantasievollen Bouquets ausgewählte Einzelblüten und ungewöhnliche Details.

198 **VOLCKAERT**
Vrijdagmarkt 45
Sint-Jacobs-Viertel ③
+32 (0)9 223 23 35
bloemen-volckaert.be

Dieses nette Blumenatelier besteht bereits seit 1973. Hier erhält man neben Pflanzen für Balkone auch wunderschöne Blumensträuße. Das perfekte Mitbringsel, wenn man zum Abendessen eingeladen ist.

199 **FLVVR**
Kuiperskaai 11A
Stadtzentrum ①
+32 (0)9 278 75 29
flvvr.be

Zakiya verkaufte einst Blumen im Hinterraum des Designerladens Piet Moodshop. In ihrem eigenen kleinen Shop »Flower & Flavor« nahe der neuen Stadtbibliothek bietet sie neben Schnittblumen und Zimmerpflanzen auch Accessoires an. Sie liefert Blumenschmuck an örtliche Cafés wie Madam Bakster.

200 **BLUET**
Sint-Baafsplein 11
Stadtzentrum ①
+32 (0)9 223 02 22
bluet.be

Wunderbarer Laden für Fairtrade-Pflanzen in einem schmalen Stadthaus gegenüber dem Belfried. Das stimmungsvolle Innere im Stil der Neogotik bestimmen Kakteen, Farne und Hängepflanzen, die urbanen Wohnungen oder Stadtgärten einen Touch grüner Natur verleihen.

197 **NICK BOUSSE**

5 *Geschäfte mit* SCHÖNER LADENEINRICHTUNG

201 **TÉLESCO SHOP**
Groentenmarkt 14
Stadtzentrum ①
+32 (0)9 225 20 56
telescoshop.be

Das familiengeführte Traditionsgeschäft in einem Art-déco-Laden gegenüber der alten Fleischhalle hat sich seit seiner Eröffnung im Jahr 1939 im Inneren kaum verändert: mit seinem polierten Holzboden, dunkler Holzvertäfelung und alten Holzregalen. Man begann mit dem Verkauf von Regenschirmen, doch wurde das Sortiment nach und nach auch um Hüte, Handschuhe, Taschen und andere Lederwaren erweitert.

202 **LIMERICK 2.0**
Koningin Elisabethlaan 148
Bahnhofsviertel ⑤

Die literarische Buchhandlung Limerick in Bahnhofsnähe übernahm 2019 auch diese schöne alte Apotheke nebenan. Die historische Ladeneinrichtung wurde liebevoll erhalten und umgestaltet zu einem höchst stimmungsvollen Ort. Er dient heute als schrulliger Secondhandbuchladen mit Ausstellungsfläche für zeitgenössische Künstler. Und in einem eleganten Hinterraum kann man schön bei Kaffee und Kuchen sitzen.

203 TIMMERMANS 1845

Kortemunt 5
Stadtzentrum ①
+32 (0)9 223 32 57
timmermans1845.be

Heute ein nostalgisch wirkender Laden mit edlem Sortiment, besteht das Timmermans seit 1845 in einem wunderschönen Barockbau mit Blick auf den Groentenmarkt. Im modernisierten Inneren besitzt es noch die alte Holzeinrichtung mit langer Theke und hohen Regalen voll kleiner Schubladen mit faszinierender Beschriftung. Verkauft werden u. a. edle Stifte, Notizbücher, Terminkalender und Handschuhe.

204 DE BANIER

Hoefslagstraatje 1
Stadtzentrum ①
+32 (0)9 233 87 87
debanier.be

Auch wenn Sie weder Wollknäuel noch ein Schminkset brauchen, sollten Sie einen Blick in diesen Laden für Handarbeitszubehör werfen, der von der flämischen Chiro-Bewegung betrieben wird, versteckt in einer engen Gasse in einem schönen Gebäude des 18. Jahrhunderts direkt am Wasser. Er verfügt noch über eine Reihe von sechs Kassentheken aus der Zeit, als er einer Börsenmaklerfirma gehörte.

205 AU BON MARCHÉ

Hoornstraat 4
Stadtzentrum ①
+32 (0)9 269 02 60
aubonmarche.gent

In einer alten Apotheke mit Fliesenboden und dekorativen Holzregalen verkauft Saskia Vanderhaeghe schöne Geldbörsen, Lederhandtaschen, Schals und Mützen, auch besonderen Schmuck von Wouters & Hendrix aus Antwerpen. Eher im gehobenen Preissegment, trotz des Geschäftsnamens.

5 *wunderbare* FREILUFTMÄRKTE

206 **PRONDELMARKT**
Sint-Jacobsmarkt
Sint-Jacobs-Viertel ③

Auf dem Platz mit Kopfsteinpflaster hinter der Sint-Jacobskerk findet am Freitag, Samstag und Sonntag morgens ein munterer Flohmarkt statt. Die Händler bauen gegen acht Uhr ihre Stände auf, wo sie alte Elektrogeräte, Kisten mit Vinylplatten, staubige Vasen und viel Skurriles zum Kauf anbieten. Die Stimmung ist lebhaft, die Leute brüllen im Genter Dialekt, Kunden frühstücken in einem der Cafés, und von Frituur Bij Sint-Jacobs weht Frittenduft herüber.

209 **VRIJDAGMARKT**

207 **BLOEMENMARKT**
Kouter
Stadtzentrum ①

Seit dem 18. Jahrhundert kommen die Genter am Sonntag früh auf den Kouter, um Blumen zu kaufen. Etwa 15 Standbetreiber inszenieren ein buntes Blütenmeer mit Tulpen oder Azaleen, die in riesigen Gewächshäusern außerhalb der Stadt gezogen werden.

208 **BOEKENMARKT**
Ajuinlei
Stadtzentrum ①

Antiquariatshändler betreiben am Sonntagmorgen ihre Stände am Leieufer. Die Stimmung ist entspannt, wenn Einheimische Stapel alter Bücher und Zeitschriften durchforsten oder im L'Apéro d'Oc ein Gläschen Wein trinken.

209 **VRIJDAGMARKT**
Vrijdagmarkt
Sint-Jacobs-Viertel ③

Jeden Freitagmorgen findet hier ein typischer lokaler Markt statt, mit Ständen für Obst, Gemüse, Käse, Schuhe und Strümpfe. Mindestens ein Lieferwagen verkauft italienische Pasta und ein riesiger Laster an der offenen Seitenwand frische Seezunge, Hummer und Heringe.

210 **BIOMARKT**
Groentenmarkt
Stadtzentrum ①

Ein kleinerer Bauernmarkt findet am Freitagmorgen am Groentenmarkt statt, mit mehreren Ständen für Bio-Obst und -Gemüse von nachhaltig produzierenden Höfen in Ostflandern. Einen weiteren Biomarkt gibt es sonntags auf dem kleinen Platz nördlich des Bahnhofs Sint-Pieters (Koningin Maria Henrikaplein; biomarktgentsintpieters.be).

211 TWIGGY

40 ORTE FÜR MODE & DESIGN

5 tolle
KREATIVE FASHION STORES

211 **TWIGGY**
Notarisstraat 3
Stadtzentrum ①
+32 (0)9 223 95 66
twiggy.be

Der inspirierende Fashion Store für Damen und Herren logiert seit 2012 in einem großen Stadthaus aus dem 19. Jahrhundert, das vom Büro *architecten de vylder vinck taillieu* radikal umgestaltet wurde. Die oberen Räume sind geschmückt mit alten Marmorkaminen und Spiegeln, aufregend jedoch wird es unten, wo zugunsten eines in der Luft hängenden Kamins ein Boden herausgerissen wurde und eine Tür ins Nirgends führt. Angebotene Marken u. a.: Acne, Paul Smith und Isabel Marant.

212 **ILLINOIS**
Onderbergen 35
Stadtzentrum ①
+32 (0)494 63 41 37
illinoisgent.be

Eveline van Gestel benannte ihren coolen Laden nach einem Album ihres Lieblings-Indie-Sängers Sufjan Stevens. Ein schlichtes Interieur, beherrscht vom großen Tisch aus einer alten Platane und dem aus einem Laden in den Niederlanden geretteten antiken Verkaufsregal. Sie bietet Lieblingsmarken wie Bellerose, Rains oder Le Mont St Michel an, neben Schmuck, Kunstbüchern und einer kleinen Auswahl an Vinylplatten.

213 REWIND WOMEN

Sint-Pieters-nieuwstraat 44
Universitätsviertel ④
+32 (0)9 324 84 04
rewindstore.be

Dieser coole Multi-Brand-Shop (insgesamt 3 Filialen) versammelt interessante skandinavische und französische Designer und angesagte Mode-Labels. Daneben gibt es aber auch tolle Ledertaschen.

214 BILLIEROSE

Brabantdam 135
Stadtzentrum ①
+32 (0)9 222 63 39
billierose.be

Noor und ihr Bruder Wolf betreiben seit 2016 ihren geschmackvollen Concept Store an einem kleinen Platz nahe dem Rotlichtviertel. Währende Noor die Kollektion verantwortet (Kleidung, Schmuck und Innendekor), bereitet Wolf auf einer glänzend neuen La-Marzocco-Maschine im Café Espresso zu.

215 CLICHÉ

Hoogpoort 3B
Stadtzentrum ①
+32 (0)468 15 05 77
cliche-gent.com

Fashionistas der Stadt kommen gern in dieses kleine Lädchen, um nach individueller Mode in kräftigen Farben zu stöbern. Geführt werden hauptsächlich nachhaltig produzierte Marken wie Näz aus Lissabon oder Thinking Mu aus Barcelona, aber auch afrikanischer Schmuck von Soko aus Kenia.

5 *inspirierende*

GENTER DESIGNER

216 **ELISA LEE**
Hoogpoort 33
Stadtzentrum ①
+32 (0)9 329 08 78
elisalee.be

Elisabeth Leenknegt bietet in schlichtem Ambiente mit pastellfarbenen Hockern und skurrilen Modefotos tollen Schmuck an. Als Abkömmling einer Glaskünstlerfamilie verwendet sie für viele ihrer Kreationen mundgeblasenes farbiges Glas. Die meisten fertigt sie auf Bestellung.

217 **JO DE VISSCHER**
Hoornstraat 6
Stadtzentrum ①
+32 (0)9 233 88 04
jodevisscher.be

Jo De Visscher, die als Kunstrestauratorin arbeitete, bis sie von dem bekannten Modedesigner Walter Van Beirendonck zu einer Ausstellung eingeladen wurde, gilt als eine der aufregendsten Jungdesignerinnen Belgiens. Ihren Laden eröffnete sie 2013 in einem schönen Art-déco-Gebäude.

218 **ARAVINDA RODENBURG**
Bagattenstraat 137
Universitätsviertel ④
+32 (0)498 50 08 75
aravindarodenburg.be

Aravinda Rodenburg ist eine traditionelle Schneiderwerkstatt, die noch klassische Maßanzüge herstellt. Verwendet werden hochwertige Stoffe für Kleidungsstücke, die bis zum letzten Knopf höchsten Ansprüchen genügen. Kunden sind neben Musikern und Künstler all jene, denen dies einen entsprechenden Preis wert ist.

219 **LA FILLE D'O**
Burgstraat 21
Stadtzentrum ①
+32 (0)9 334 80 10
lafilledo.com

Die rebellische Genter Designerin Murielle Scherre, die mit dem Verkauf von Dessous im Wohnzimmer begann, baute sich eine treue Fangemeinschaft auf, zu der Promis wie Lady Gaga und Rihanna zählen. Heute hat sie einen eigenen Laden, wo sie ausgefallene Dessous verkauft und manchmal gewagte Modenschauen im Schaufenster inszeniert. Ihre Videos sind legendär, da dort normale Frauen statt »Hungerhaken« auftreten.

220 **MAYENNE NELEN**
Maïsstraat 35
Norden außerhalb
+32 (0)488 57 37 00
mayenne-nelen.com

Designerin Mayenne Nelen kreiert einzigartige Umhänge-, Laptoptaschen und Hosenträger für Herren aus Leder in einem pflanzlichen Verfahren ohne schädliche Chemikalien chromfrei gegerbt. Werkstattbesuch in einem Vorort nach telefonischer Terminvereinbarung.

217 **JO DE VISSCHER**

5 Lieblingstreffs für Genter
FASHIONISTAS

221 **PAND 13**
Henegouwenstraat 13
Stadtzentrum ①
+32 (0)9 233 47 00
pand13.be

In dem altmodischen Eckladen in zwei schönen alten Gebäuden an einer der interessanten Straßen Gents finden Fashionistas immer tolle Klamotten. Jugendliche und romantische Kleidung von Labels wie By Malene Birger oder See by Chloé.

223 **MIEKE**

222 HET OORCUSSEN

Vrijdagmarkt 7
Sint-Jacobs-Viertel ③
+32 (0)9 233 07 65
oorcussen.be

Das kleine, elegante Geschäft liegt am Vrijdagmarkt zwischen Restaurants und Kaffeeterrassen in einem schmalen Gebäude, das sich mit minimalistischen, exzentrischen Klamotten als Traum für Modefans erweist. Inhaberin Caroline Naudts führt Antwerpener Designer wie Dries Van Noten oder Ann Demeulemeester neben lässigem Chic des französischen Labels Isabel Marant.

223 MIEKE

Burgstraat 87
Stadtzentrum ①
+32 (0)9 330 65 10
facebook.com/miekeshop

Mieke De Winter spürt kleine Kontingente nachhaltig produzierter Kleidung von aufstrebenden Designern wie Dear Creatures oder Nancy Dee auf – modische Fair-Trade-Kleidung für Damen in sämtlichen Größen.

224 JUST HAZEL FEELGOODSTORE

Burgstraat 14
Stadtzentrum ①
+32 (0)456 41 39 91
justhazel.be

Drei Freundinnen aus Gent eröffneten 2017 gemeinsam diese Boutique für coole Mode kleiner nachhaltiger Fair-Trade-Marken. Günstige Kleidungsstücke und Accessoires von Firmen wie Givn, Wearable Stories oder Living Crafts.

225 JULIA JUNE

Brabantdam 8
Stadtzentrum ①
+32 (0)9 233 21 97
juliajune.com

In der einstigen Bäckerei, wo man am Sonntag frisches Gebäck einkaufte, logiert heute ein von einem belgischen Paar geführtes kleines Modelabel. Es steht für romantische, lässige, doch nicht zu wilde Klamotten. Genau richtig, um durch die Stadt zu radeln oder sich für einen Winterspaziergang warm einzupacken.

5 führende Geschäfte für
HERRENMODE

226 **LOST IN PABLOS**
Vrijdagmarkt 38
Stadtzentrum ①
+32 (0)9 279 89 90
lostinpablos.be

Der elegante Laden von Lisa Deridder in einem Genter Stadthaus kleidet Herren in schicke Anzüge und stylishe Hemden. Genau der richtige Ort für Einladungen zu einer Hochzeit oder einer förmlicheren Veranstaltung. Das Sortiment umfasst auch kleinere lokale Marken wie von der Lederdesignerin Mayenne Nelen oder das Hemdenlabel Mr. Manchette.

227 **CAFÉ COSTUME**
Hoogpoort 43–45
Stadtzentrum ①
+32 (0)9 225 63 23
cafecostume.com

Dieser dezente Laden ist spezialisiert auf bezahlbare Maßanzüge. Das Interieur nach einem in Antwerpen entwickelten Konzept wirkt gediegen-edel: mit alten Familienfotos und einem Getränketisch aus einer alten Schulbank.

228 **REWIND MEN**
Sint-Pietersnieuw-straat 13
Universitätsviertel ④
+32 (0)9 398 43 34
rewindstore.be

Christophe Urbain verkauft Herrenbekleidung und Accessoires von kreativen skandinavischen Designern. Unten widmet sich der kleine Concept Store Rewind B.L.C.K.+ schwarzer Mode und Zubehör von Designern wie A.F. Vandevorst, The Last Conspiracy oder Rick Owens.

229 **NICOLE MEN**
Brabantdam 29
Stadtzentrum ①
+32 (0)9 223 94 64
nicolemen.be

Die Herrenwelt von Gent besucht diesen modernen Laden, wenn sie einen italienischen Anzug fürs Büro oder eine gestreifte Jacke für den Strand benötigt. Man findet italienische Marken wie Armani und Versace, aber auch lässigere Mode von Citizens of Humanity oder David Naman.

230 **CHAPELLERIE GELAUDE**
Normaalschoolstraat 2
Citadelpark ⑤
+32 (0)9 222 21 27
gelaude.be

Seit 1893 besteht der schöne Hutladen, den die Familie Gelaude betreibt. Die Hüte werden in eindrucksvollen alten Holzschränken mit Glastüren präsentiert. Neben Klassikern wie Borsalino, Stetson oder Panama-Hüten gibt es auch weniger formelle, moderne Mützenformen.

227 **CAFÉ COSTUME**

5 Quellen für ungewöhnliche ACCESSOIRES

231 **ELS ROBBERECHTS**
Meelstraat 34
Patershol ②
+32 (0)498 10 31 97
elsrobberechts.be

Die Genter Hutdesignerin Els Robberechts zog 2016 in ihre neue Werkstatt im Patershol-Distrikt. Hier kreiert sie einzigartige Kopfbedeckungen für ihre Kunden und veranstaltet auch Hutmacher-Workshops. Vereinbaren Sie einen Termin vor dem Besuch des Ateliers.

232 **PAARL**
Onderbergen 74
Stadtzentrum ①
+32 (0)9 324 63 89
paarl.be

Designerin Pearl De Buck entwirft einzigartige Handtaschen in ihrer Werkstatt im alten Industrieviertel nahe der Leie. Für ihre exklusiven Kreationen in lebhaften Farben verwendet sie ungewöhnliche Materialien wie Gummi oder Straußenleder.

233 M.A.R.T.H.A.

233 **M.A.R.T.H.A.**
Onderbergen 19
Stadtzentrum ①
+32 (0)9 330 66 40

Vor Eröffnung ihres hübschen kleinen Ladens M.A.R.T.H.A. (Modieus.Artistiek. Hedendaags.Accessoire. – Modisch.Künstlerisch.Modern.Accessoire.) in Gent studierte Clarice Bressinck in Paris Modedesign. Sie verkauft massive Halsketten, lange Wollschals und Taschen aus recycelten Stoffen – zu günstigeren Preisen, als Sie vielleicht erwarten.

234 **PHINESS**
Kalandestraat 18
Stadtzentrum ①
facebook.com/phinessgent

Ein schickes kleines Schuhgeschäft an einem kleinen Platz im Herzen Gents. Die Besitzerin führt eine kleine Auswahl hochwertiger Damenschuhe diverser Marken, aber auch farbenfrohe Taschen, Schals und Socken.

235 **WALK THE LINE**
Vlaanderenstraat 90
Stadtzentrum ①
+32 (0)479 27 64 13
walktheline.shoes

Weit mehr als nur ein Schuladen! 2014 gegründet, bietet er eine inspirierende Palette hochwertiger Damen- und Herrenschuhe diverser nachhaltiger Marken wie Lemon Jelly aus Portugal oder Kost aus Frankreich. Zugleich dient er als Galerie und präsentiert Werke lokaler Künstler und Fotografen.

5 Fundorte für schönen SCHMUCK

236 **CURIOSA & CO**
Nederkouter 120
Universitätsviertel ④
+32 (0)468 19 27 29
curiosa-co.be

Wie in einem Kuriositätenkabinett aus dem 18. Jahrhundert sind die Schränke in Evelien Bogaerts kleinem Laden gefüllt mit handgefertigtem Schmuck lokaler Designer. Sie präsentiert Halsketten und Ringe in oft skurrilen Arrangements, etwa aus Ästen und Aquariumsgläsern.

237 **COOREMETERSHUYS**
Graslei 12
Stadtzentrum ①
+32 (0)9 225 09 65
cooremetershuys.be

Ein inspirierendes kleines Schmuckgeschäft direkt an der Leie in einer ehemaligen Getreidebörse. Steinstufen führen hinab in einen Gewölbekeller aus dem 13. Jahrhundert, wo wunderbare Halsketten, Taschen, Hüte, Schals und vieles mehr verkauft werden.

238 **ZAHIA**

Beverhoutplein 13
Sint-Jacobs-Viertel ④
+32 (0)9 233 62 20
zahia.be

Dieser kleine Laden an dem Platz, auf dem der Flohmarkt stattfindet, bietet eine breite Auswahl an Perlen und Edelsteinen für die Herstellung von Halsketten und Ohrringen. Kurse zur Schmuckherstellung finden samstags an einem langen Holztisch im Hinterzimmer statt.

239 **EDELGEDACHT**

Koestraat 2
Stadtzentrum ①
+32 (0)9 233 66 10
edelgedacht.be

Jan Vanhoutteghem fertigt außergewöhnlich schönen Schmuck aus Edelmetallen, darunter Ringe und Anhänger wie Kunstobjekte, und verkauft sie in seinem hübschen Eckladen, der wie eine Galerie wirkt.

240 **ONIS**

Lange Violettestraat 1
Stadtzentrum ①
+32 (0)486 76 25 82
onisjuwelen.be

Isabelle Onselaere präsentiert eigenwilligen handgefertigten Schmuck in einem nüchternen Innenraum mit braunen Wänden und weißen Möbeln – schlichte Entwürfe aus Gold, Silber und Edelsteinen.

240 ONIS

5 *lohnende* VINTAGE-LÄDEN

241 **PATRICIA VINTAGE**
Henegouwenstraat 75
Stadtzentrum ①
+32 (0)9 223 03 01

Länger als jeder andere verkauft Patricia Vintage-Secondhandkleidung in Gent. In einem entspannten Interieur, dekoriert mit Blumenvasen und Fotos von Retromode, präsentiert sie exklusive Vintage-Teile. Hier lassen sich tolle Funde machen: wie Mode von Yves Saint Laurent und Chanel-Accessoires neben aktuelleren Stücken etwa von Miu Miu und Prada.

242 **HOUSE OF VINTAGE**
Dampoortstraat 27
Dampoort ⑥
+32 (0)487 61 90 66

Ein kleiner Laden mit Regalen voll fröhlicher Kleidung aus den 1980er-Jahren, gut erhaltenen Handtaschen und fast neuen Lederstiefeln. Er ist beliebt bei lokalen Schauspielern und Studenten, die hier für wenige Euros mit einem Partykleid, einer skurrilen Tasche oder einem schrillen Paar Stilettos zum Ausgehen herausspazieren.

243 **ALTERNATIEF**

Baudelostraat 15
Sint-Jacobs-Viertel ③
+32 (0)9 233 23 11
alternatief-boetiek.be

Gelegen im historischen Viertel, ist diese Boutique ein toller Ort für die Jagd nach etwas ganz Besonderem. Sie führt ungewöhnliche Mode aus den 1970er- und 1980er-Jahren neben wenigen etwas neueren Kleidungsstücken. Hierher sollten Sie kommen, wenn Sie nach einer schicken kleinen Handtasche oder schrillen Sonnenbrille suchen.

244 **FUNNI**

Begijnengracht 1
Stadtzentrum ①
+32 (0)468 10 27 04
funni.be

Dieses unkonventionelle Eckgeschäft führt Sie zurück in die 1950er-Jahre, denn es hat all das im Angebot, was man für ein stilechtes Retro-Outfit benötigt, bis hin zu Pünktchenkleidern, roten Lederhandtaschen und passendem Schmuck.

245 **SEVENTY ONE**

Mageleinstraat 27
Stadtzentrum ①
+32 (0)468 34 88 06
seventyone.be

Viele Genter Frauen kommen gern in diesen sympathischen Retroladen auf der Suche nach geblümten Kleidern, bunten Handtaschen oder witzigen Schuhen. Seit 2017 führt er Marken, die den Glamour der 1950er- und 1960er-Jahre wiederaufleben lassen.

5 nette Shops für
KINDERKLEIDUNG

246 **TEDDY**
Afrikalaan 289E
Dampoort ⑥
+32 (0)475 97 32 80
helloteddy.be

Junge Eltern finden hier im trendigen Dok-Noord-Viertel exklusive Marken für kleine Kinder. Der Fokus liegt auf Kleidung für bis zu Sechsjährige, die zeitloses Design mit munteren Farben verbindet. Hier stößt man auf Marken wie Cos I Said So aus Antwerpen oder Fresh Dinosaurs aus Mallorca.

247 **THE WONDER YEARS**
Serpentstraat 8
Sint-Jacobs-Viertel ③
+32 (0)9 391 39 03
thewonderyears.be

Dieser Miniladen mit schicker Kleidung für die Kleinsten (bis 6 Jahre) eröffnete 2017 in einer Kopfsteinpflastergasse südlich des Vrijdagmarkts. Hier findet man aber auch Spielzeug oder Schuhe.

248 **MENEER JANSSEN EN JUFFROUW KAAT**
Gouvernementstraat 7
Stadtzentrum ①
+32 (0)9 269 05 13
misterjonesandmisskatie.com

Seit 2000 gibt es Véronique Vandriessches schicken Laden für Kinderkleidung mit exklusiven Marken wie Max & Lola, Bellerose oder Paul Smith. Er wird von einem besonders freundlichen jungen Team betrieben, das bezüglich Größe oder Farbe (und was man sonst noch wissen möchte) immer fachkundig berät.

249 **AAP.NOOT.MIES**

Mageleinstraat 48
Stadtzentrum ①
+32 (0)9 224 06 00
aapnootmies.be

Dieser kleine Laden für Kinderschuhe ist benannt nach den ersten drei holländischen Wörtern, die Kinder in der Schule lernen. Über Regalen mit anspruchsvollem Schuhwerk für die Kleinsten hängt ein altes Foto aus einem belgischen Mädcheninternat.

250 **PETIT BAZAAR**

Koningin Elisabethlaan 34
Bahnhofsviertel ⑤
+32 (0)9 373 44 12
petitbazaar.be

Der freundliche kleine Laden nicht weit vom Bahnhof Sint-Pieters verkauft in einem liebevoll gestalteten Ambiente hübsche, farbenfrohe Kleidung für kleinere Kinder (bis 12 Jahre), aber auch Spielzeug und Geschenke für Neugeborene. Schwerpunkt: belgische und Öko-Marken.

TOKYO SUSHI
Gallery COLF ART

30 GEBÄUDE, DIE MAN SEHEN SOLLTE

5 *neu genutzte*

VERLASSENE SAKRALGEBÄUDE

251 GROENE KERK

Voorhoutkaai 43
Dampoort ⑥
sintbaafsabdij.stad.gent

Die alte Abteikirche von Sint-Baafs (St. Bavo) wurde im 16. Jahrhundert von den Spaniern zerstört. Es blieb nur ein leerer Raum. Erst 2006 entschied das städtische Gartenbauamt, sorgfältig beschnittene Hainbuchenhecken zu pflanzen, die als »Grüne Kirche« die Umrisse des verschwundenen Bauwerks aus dem 12. Jahrhundert nachzeichnen.

252 DRONGENHOFKAPEL

Drongenhof 13–15
Patershol ②

Die Drongenhofkapelle der Norbertiner (frühes 17. Jahrhundert) wurde aufgegeben. Zuweilen für Konzerte oder Ausstellungen genutzt, ist sie meist nicht zugänglich. Man kann jedoch durch eine Lücke zwischen den grünen Toren einen Blick auf das moderne Buntglasfenster am anderen Ende erhaschen. Es wurde 2003, inspiriert von Röntgenbildern, von dem Genter Künstler Wim Delvoye entworfen.

253 **WOLWEVERSKAPEL**
Kortedagsteeg 12
Stadtzentrum ①

Äußerlich wirkt der Laden am Kortedagsteeg 12 unspektakulär, doch wenn man durch die Türe tritt, ist man überrascht. Denn er liegt in einer ehemaligen Kapelle aus dem 14. Jahrhundert mit weiß getünchten Wänden und hohem Deckengewölbe. Erbaut von der Gilde der Wollweber, diente sie bereits als Kino, Lesesaal und Garage. 2002 wurde das Gebäude von der Antwerpener Architektin Christine Conix in einen Laden umgestaltet.

254 **KERK MEULESTEDE**
Redersplein
Norden außerhalb
meulestede.gent

2017 erwarb die Stadt die abgelegene Barockkirche *(Sint Antonius Abtkerk)* aus dem 18. Jahrhundert im Genter Hafengebiet. Das ungewöhnliche, schmale Gebäude mit hoch aufragendem Glockenturm soll restauriert werden und später als modernes Kulturzentrum dienen, für Ausstellungen, Konzerte und Buchmessen.

255 **PARNASSUS**
Oude Houtlei 122
Stadtzentrum ①
+32 (0)9 223 23 41
het-restaurant.be

Die schöne barocke Kirche, die einst Franziskanermönchen gehörte, wurde im Rahmen eines sozialen Beschäftigungsprojekts einer gemeinnützigen Organisation in ein Restaurant umgewandelt (zu dem auch ein Konzertsaal zählt). Umgeben von prächtigen Barockbeichtstühlen und Heiligenstatuen kann man heute hier ein preiswertes Mittagessen einnehmen, traditionell oder vegetarisch.

5 *markante*

MODERNE BAUTEN

256 STADSHAL
Poeljemarkt
Stadtzentrum ①

Manche nennen es Schafstall, andere halten es für ein gelungenes Beispiel zeitgenössischer Architektur. Das kontrovers aufgenommene moderne Gebäude der Stadthalle lässt keinen kalt. Entworfen wurde es 2012 vom Architektenbüro Robbrecht & Daem und Marie-José Van Hee als Multifunktionshalle für Konzerte und Veranstaltungen. Trotz vielfältiger Kritik gewann der kühn designte Bau mit asymmetrischem Dach und Doppelgiebel mehrere Architekturpreise.

257 DE KROOK
Miriam Makeba-plein 1
Stadtzentrum ①
+32 (0)9 323 68 00
dekrook.be

Die markante neue Bibliothek wurde 2017 in einer Schleife (*Krook*) der Schelde eröffnet. Entworfen von Ralph Coussée, ist das elegante schwarze Gebäude als »Bibliothek des digitalen Zeitalters« sowie Ort für Wissen, Kultur und Innovation gedacht. Dazu gehören ein Café im Erdgeschoss, eine Terrasse zum Fluss und ein monumentales Treppenhaus.

257 **DE KROOK**

258 FACULTY OF ECONOMICS BUILDING

Tweekerkenstraat 2
Universitätsviertel ④
ugent.be/eb

Es lohnt sich, sich an dem aus mehreren gegeneinander verschobenen Schichten aufgebauten Unigebäude der *Faculteit Economie en Bedrijfskunde* (2006–2010) von Xaveer De Geyter und Stéphane Beel umzuschauen. Es liegt an einem Hang, an dem früher ein Weg zum Fluss hinabführte.

259 HAUS TICHELREI 100

Tichelrei 100
Patershol ②

Das Genter Büro architecten de vylder vinck taillieu baute das moderne Haus mitten im Stadtgefüge. Es fügt sich nahtlos in den Lauf der Straße ein und verleiht ihm einen Touch von Frische.

260 ZEBRASTRAAT

Zebrastraat 32
Universitätsviertel ④
zebrastraat.be

Das 2013 abgeschlossene Projekt verbindet einen kreisförmigen Arbeiterhauskomplex (19. Jahrhundert) mit einem konvexen Neubau. Mit Restaurant und Ausstellungsraum ist es eine einzigartige historisch-zeitgenössische Kulisse.

5 *eindrucksvolle*
TÜRME

261 **SINT-NIKLAASTOREN**
Emile Braunplein
Stadtzentrum ①

Der steinerne Turm der *Sint-Niklaaskerk*, der älteste der drei Türme Gents, wurde im 13. Jahrhundert im frühgotischen Stil errichtet. Man erkennt ihn auch auf der Mitteltafel des *Genter Altars* der Brüder van Eyck (Sint-Baafskathedraal), umgeben von anderen gotischen Kirchtürmen.

262 **BELFRIED**
Sint-Baafsplein
Stadtzentrum ①
belfortgent.be

Im alten Glockenturm aus Stein bringt ein Aufzug einen nach oben. Hier genießt man einen weiten Blick auf die Altstadtdächer. Der Belfried wurde 1314 begonnen, die verzierte Spitze erst 1911–1913 anlässlich der Weltausstellung hinzugefügt. Er wurde einer Zeichnung aus dem 14. Jahrhundert nachempfunden, der Drache oben einer alten Wetterfahne.

263 **SINT-BAAFSTOREN**
Sint-Baafsplein
Stadtzentrum ①

Der 89 Meter hohe Westturm der *St-Baafskathedraal* entstand zwischen 1462 und 1538 im Stil der Brabanter Gotik. Weil seine Spitze bei einem Brand zerstört wurde, wirkt er leicht »zerrupft«.

264 **BOEKENTOREN**
Rozier 9
Universitätsviertel ④
boekentoren.be

Der »Bücherturm« auf dem höchsten Punkt der Stadt ist ein Jugendstilmeisterwerk des belgischen Architekten Henry van de Velde. Der 24-stöckige Betonturm, 1933 entworfen, beherbergt bis heute die umfangreiche Büchersammlung der Universität und wird oft als vierter Stadtturm bezeichnet.

265 **WATERTOREN**
Kattenberg 2
Universitätsviertel ④

Der skurrile Wasserturm wurde 1977 nicht weit vom Boekentoren errichtet. In seiner Nähe stehen zwei funktionslos gewordene Hochbehälter von 1881. Die Reflexionen umliegender Gebäude in seiner gewellten Glasverkleidung lassen ihn fast unsichtbar erscheinen. Im Inneren ist der Fahrradverleih der Uni untergebracht.

5 *wunderschöne* ART-NOUVEAU-GEBÄUDE

266 **VAN-HOECKE-DESSEL-HAUS**
Kunstlaan 41
Citadelpark ⑤

Der Architekt Achilles Van Hoecke-Dessel errichtete eine Reihe Art-Nouveau-Gebäude (belgischer Jugendstil) an der von Bäumen gesäumten Kunstlaan. Das wohl schönste davon ist das, welches er 1903 für sich selbst entwarf. Es mag zunächst nüchtern erscheinen, bis man den wunderbaren runden Rahmen um die Tür und die eleganten Gusseisenbalkone bemerkt.

267 **PRINSES CLEMENTINALAAN**
Prinses Clementinalaan 20, 86
Bahnhofsviertel ⑤

Es lohnt sich, einen Spaziergang durch die Prinses Clementinalaan im Süden Gents zu machen, vorbei an schönen Art-Nouveau-Gebäuden, geschmückt mit glasierten Ziegeln, Hufeisenbögen, Erkern und Bilderfliesen. Besonders fällt die Nr. 20 ins Auge, die 1910 der Architekt Urbain Crommen als Wohngebäude und Büro für sich selbst errichtete. Die *Villa Elisabeth* (Nr. 86) entwarf Leon De Keyser in einem ganz ähnlichen Stil.

268 **FORTLAAN 17**

Fortlaan 17
Citadelpark ⑤

Fünf Jahre nach Errichtung des ersten Art-Nouveau-Gebäudes in der Hauptstadt Brüssel brachte der Genter Architekt Beert Campens den Jugendstil nach Gent. 1899 entwarf er dieses schöne Haus gegenüber dem Citadelpark mit Jugendstildetails wie Peitschenschlagmotiven, kunstvollen Schmiedearbeiten und zart geschwungenen Blumentafeln.

269 **PARKLAAN 39**

Parklaan 39
Bahnhofsviertel ⑤

Der Architekt Jules-Pascal Ledoux entwarf 1900 ein schmales Art-Nouveau-Gebäude gegenüber dem Citadelpark mit schön geschnitzter Tür und mehreren prächtigen Fliesenbildern.

270 **HUIS VERNIERS**

Sluizeken 8
Patershol ②
simon-says.be

Das exzentrische Art-Nouveau-Eckhaus errichtete Georges Henderick 1904. Der Architekt verwendete dabei Jugendstilmotive wie Bogenfenster und Holzschnitzereien, verlieh dem Ganzen jedoch durch Verwendung auffälliger Farben einen Hauch von Exotik. In dem 1994 in rot-gelben Originalfarben neu gestrichenen Gebäude logiert heute die trendige Kaffeebar *Simon Says* sowie ein Bed & Breakfast.

5 besonders

SKURRILE HÄUSER

271 **HUIS DE CAT EN DE HOND**
Koning Leopold II-laan 24
Citadelpark ⑤

Achten Sie auf das seltsame Haus »Katze und Hund« von 1903 gegenüber dem Citadelpark. Das prächtige Stadthaus mit gemauertem Treppenturm, glasüberdachter Eingangshalle und kunstvollem neogotischem Briefkasten wurde vom Architekten Louis Cloquet entworfen. Humorvolle Details sind kleine Skulpturen links von der Tür. Sie zeigen eine Katze (oben), die gegen einen Hund (darunter) kämpft.

272 **KANUNNIKSTRAAT 2**
Kanunnikstraat 2
Universitätsviertel ④

Die Seitenwand dieses Eckhauses an der Trambahnlinie 1 ist überzogen mit bizarren Metallskulpturen und verblassten Wandgemälden. Sie zeigen Episoden aus der Geschichte Gents, darunter einen Doppeldecker, der über die Türme der Stadt fliegt. Zu den rätselhaften weiteren Details des Hauses zählt auch ein Vogel, der in eine Schüssel pickt.

273 MOLENAARSSTRAAT 43

Molenaarsstraat 43
Patershol ②

Die Molenaarsstraat ist eine typische Genter Straße, gesäumt von Reihenhäusern. Die Nr. 43 fällt aus dem Rahmen, denn der Genter Künstler Leo Copers überzog sie für sein Werk *The True Hero Command Post* mit einem bunt fluoreszierenden militärischen Tarnanstrich.

274 HUIS DE PASSER

Wolfstraat 12
Sint-Jacobs-Viertel ③

Es lohnt sich, die ruhige Seitenstraße entlangzugehen, wo Jacob Semey 1908 mehrere flämische Renaissancehäuser errichtete. Auffällig ist »De Passer« (Der Kompass), reich verziert mit Schmuckdetails, darunter ein altes niederländisches Sprichwort. Auch die meisten anderen Häuser wurden von dem Architekten entworfen. Manche tragen Terrakottareliefs, die den Hausnamen illustrieren wie einen Wolf (Nr. 3), Romulus und Remus (Nr. 9) oder einen Stör (Nr. 13).

275 WELKOM

Sint-Pietersnieuwstraat 108
Universitätsviertel ④

Manch alte Läden besitzen dekorative Mosaikböden, die den Geschäftsnamen in winzigen Marmorquadraten illustrieren. Ein schönes Beispiel mit dem Wort *Salve* (lat. willkommen) findet man auf der Vorderseite dieses Art-Nouveau-Mietshauses zum Vooruit-Zentrum hin, errichtet 1917 vom Architekten Pol Ed. Hoste, als Gent unter deutscher Besatzung stand. Der Begriff »willkommen« steht in Stein gemeißelt über der Tür.

5 *ziemlich*
KURIOSE BAUTEN

276 **WINTERCIRCUS**
Sint-Pieters-nieuwstraat 9
Lammerstraat 13
Universitätsviertel ④

Wenige kennen den großen Zirkus hinter den Geschäften an der Sint-Pietersnieuwstraat; seine Kuppelspitze ist nur von der Straßenecke bei Nr. 108 zu sehen. Der riesige kreisrunde Raum von 1893, nach einem Brand 1920 neu errichtet, beherbergte einst aufwendige Zirkusvorstellungen für 3400 Besucher. 1944 wurde er aufgegeben und diente anschließend als Garage für eine Oldtimersammlung. Das beeindruckende Gebäude, das 2012 bis 2021 restauriert wurde, wird in Zukunft als Konzertsaal mit Büros, Restaurant und Café genutzt.

277 **VENEZIANISCHE FASSADE**
Lammerstraat 1
Universitätsviertel ④

Nicht vielen fällt die merkwürdige weiße Fassade im Stil venezianischer Gotik an der Lammerstraat auf, entstanden 1851 als Gemeinschaftsfassade für sechs Läden. Auf Straßenniveau ist nichts mehr zu sehen, nur in den beiden oberen Etagen haben sich venezianische Fenster und byzantinisches Dekor erhalten.

278 METSELAARSHUIS

Cataloniëstraat 1
Stadtzentrum ①

Dieses Gildehaus, gegenüber der Sint-Niklaaskerk im Flamboyant-Stil der Gotik als Demonstrationsobjekt für die Kunstfertigkeit der Genter Steinmetze errichtet, verschwand hinter einem späteren Gebäude. Viele dachten, es sei abgerissen worden, und so entstand 1913 eine exakte Kopie (Graslei 8, Nr. 477). Das echte Zunfthaus wurde später bei Bauarbeiten entdeckt, und oben auf dem Treppengiebel wurden sechs moderne Tänzerfiguren hinzugefügt.

278 METSELAARSHUIS

279 HET PIANOHUIS

Stoppelstraat 35
Bijloke-Viertel ④

Das kuriose Eckhaus entstand 2007 als Gästehaus für Pianisten. Seine merkwürdig geformten Fenster erinnern an die Form eines großen Flügels.

280 BELGACOM TOREN

Keizer Karelstraat
Stadtzentrum ①

Das ehemalige Belgacom-Gebäude im Stil des Brutalismus – ein grauer Betonklotz, errichtet in den 1970ern für die belgische Telefongesellschaft – wurde einst zum Hässlichsten der Stadt gekürt, wovon man sich selbst überzeugen kann. Oder man verzichtet ganz darauf: Denn ursprünglich vom Abriss bedroht, wird der unbeliebte Bau im Augenblick zu einer stilvollen Apartmentanlage umgestaltet.

309 **PROVENIERSTERSSTRAAT**

55 ENTDECKUNGEN IN GENT

5 überraschende STADTANSICHTEN

281 **INDUSTRIEMUSEUM**
Minnemeers 10
Sint-Jacobs-Viertel ③
+32 (0)9 323 65 00
industriemuseum.be

Die meisten Touristen besteigen den Glockenturm (Belfried), doch es gibt auch weniger bekannte Aussichtspunkte auf die Altstadt. Der wohl überraschendste ist die oberste Etage des Industriemuseums, wo man durch die alten Fenster der Baumwollspinnerei nach Süden blickt.

282 **GELDMUNT**
Geldmunt 1
Patershol ②

Gent wirkt oft geheimnisvoll mit mäandernden Flussabschnitten, die an unerwarteten Orten auftauchen. Etliche der Stellen sind bekannt, wie der Appelbrugpark in der Jan Breydelstraat, doch es gibt auch einige, wo man noch ganz alleine ist, wie die Grasfläche an der kleinen Straße, die von Geldmunt 1 abgeht.

283 **SINT-WIDOSTRAAT**
Sint-Widostraat 4
Patershol ②

Kaum jemand benutzt heute diese alte Gasse, die zu einem attraktiven Ort am Wasser führt, direkt hinter dem kleinen Arca Theater von NTGent. Hier bietet sich ein unerwarteter Blick auf den Fluss und die Burg Gravensteen.

284 **TOURIST INFORMATION CENTER**

Sint-Veerleplein 5
Patershol ②
+32 (0)9 266 56 60
visitgent.be

Das Tourismusbüro zog 2012 aus einem dunklen Kellerraum des Belfrieds in ein atemberaubendes Glasgebäude am alten Fischmarkt. Hier kann man auf einer stilvollen modernen Bank mit Flussblick sitzen und die tolle Sicht auf die Altstadt genießen. Perfekt auch für einen regnerischen Tag, mit kostenlosem WLAN.

285 **HOSTEL UPPELINK, ZIMMER 10**

Sint-Michielsplein 21
Stadtzentrum ①
+32 (0)9 279 44 77
hosteluppelink.com

Das Zimmer mit einem der besten Blicke auf Gent liegt in einem 2013 eröffneten günstigen Hostel. Zimmer 10 (mit fünf Einzelbetten, Tisch und ein paar Stühlen) ist eine schlichte Unterkunft, doch der Blick vom Schlafzimmerfenster ist einfach atemberaubend. Vielleicht ein cooler Ort, um in Gent zu übernachten?

281 INDUSTRIEMUSEUM

5 Erinnerungsorte an die Genter STADTGESCHICHTE

286 **STAM**
Godshuizenlaan 2
Bijloke-Viertel ④
+32 (0)9 267 14 00
stamgent.be

Nach zehnjähriger Renovierung erhielt das Stadtgeschichtliche Museum *(Stadsmuseum)* einen modernen Look mit interaktiven Karten, iPad-Bildschirmen und tollen Fotos. In einer restaurierten mittelalterlichen Abtei werden 400 historische nach Themengruppen arrangierte Objekte gezeigt. Der Rundgang beginnt mit einem riesigen Stadtplan am Boden und endet mit einem interaktiven Display zu den verschiedenen in Gent lebenden Bevölkerungsgruppen. Highlight ist das Refektorium aus dem 14. Jahrhundert mit Fliesenboden und verblichenen Fresken.

287 **SINT-PIETERSABDIJ**
Sint-Pietersplein 9
Universitätsviertel ④
+32 (0)9 266 85 00
sintpietersabdij.stad.gent

Eine Audiotour folgt dem fiktiven Mönch Jean François Alison auf einer ungewöhnlichen Reise durch die ausgedehnte Abtei Sint-Pieters. Bei der 90-minütigen Führung, die auch den Orgelboden der Barockkirche und einen dunklen Dachboden im Refektorium streift, erklimmt man unzählige Wendeltreppen. Eine faszinierende Form, ein altes Kloster zu entdecken.

288 **GRAVENSTEEN**
Sint-Veerleplein 11
Patershol ②
+32 (0)9 266 85 00
gravensteen.stad.gent

Die Steinburg aus dem 12. Jahrhundert dominiert das Stadtzentrum, ein faszinierender mittelalterlicher Bau mit dunklen Wendeltreppen, düsteren Verliesen und gruseliger Folterkammer. Per Videoguide entfaltet sich eine fiktive mittelalterliche Geschichte vor den Besuchern, während sie durch die 15 Räume streifen. Eindrucksvoll auch der Ausblick von den Zinnen aus!

289 **SINT-BAAFSABDIJ**
Voorhoutkaai 43
Dampoort ⑥
+32 (0)9 266 85 00
sintbaafsabdij.stad.gent

Nicht viele besuchen die Ruinen des St.-Bavo-Klosters, ein verwunschener Ort nicht weit von Portus Ganda. Einst eine der großen Abteien des Mittelalters, wurde sie im 16. Jahrhundert von den Spaniern weitgehend zerstört. Doch einige Fragmente blieben erhalten, darunter das beeindruckende Refektorium. Das Ruinengelände ist übersät mit steinernen Säulen, Toren und Skulpturen, die aus zerstörten Gebäuden der Stadt geborgen wurden.

287 SINT-PIETERSABDIJ, REFEKTORIUM

290 MUNTENROUTE

Donkersteeg
Stadtzentrum ①
muntenroute.stad.gent

Man muss schon sehr genau hinsehen, um die kleinen Bronzemedaillons im Straßenpflaster zu bemerken, mysteriöse Plaketten, in die alte Hotelrechnungen, Bilder verschwundener Gebäude, historische Dokumente und alte Münzen eingraviert sind. Das Architektenbüro Robbrecht & Daem hatte bei einer Neugestaltung des Stadtzentrums den Einfall zu dieser »Münzenroute«, für die auf dem alten Handelsweg von Gent nach Köln rund 1000 Plaketten in das Pflaster eingelegt wurden. Eine Gruppe im Donkersteeg etwa zeigt Details alter Hotels.

288 GRAVENSTEEN

5 besonders interessante BRÜCKEN

291 ST-MICHIELSBRUG
St-Michielshelling
Stadtzentrum ①

Die St.-Michaelsbrücke über den Fluss (1905–1909) entwarf Louis Cloquet im Stil der Neogotik, der auch das nahe gelegene ehemalige Postamt baute (Graslei 16). Die Aussicht von der Brücke reicht über die Graslei-Uferpromenade bis zu den berühmten drei Türmen Gents.

292 LIEVEBRUG
Lievestraat
Patershol ②

Diese kleine Brücke über die Lieve zählt zu den romantischsten Stellen der Stadt. Südlich sieht man Häuser über dem Wasser aufragen, während im Norden Trauerweiden mit tief hängenden Zweigen die Ufer säumen. Dennoch kommen nur wenige Leute hierher.

293 SLACHTHUISBRUG
Slachthuisbrug
Dampoort ⑥
portusganda.be

Die Leie mündet in den Jachthafen Portus Ganda, den die »Schlachthausbrücke« überquert. Die Stadt errichtete ein ins Wasser vorragendes Holzdeck mit Reihen von Bänken darauf, von denen man die Aussicht bewundern kann. Einheimische nennen sie »Bögen der Titanic«.

294 **BRUG DER KEIZERLIJKE GENEUGTEN**

Sint-Antoniuskaai
Patershol ②

Walter De Buck entwarf die vier merkwürdigen Skulpturen, die die kleine »Brücke der Kaiserlichen Freuden« über die Lieve schmücken und Episoden aus dem Leben Karls V. zeigen sollen. Die Genter nennen sie ironisch *Krimbollen* (Eistüten).

295 **APPELBRUG**

Jan Breydelstraat 8
Stadtzentrum ①

Über die schmale Lieve führt eine neue Fußgängerbrücke zur Rückseite des Vismarkt. Obwohl hier nicht viele stehen bleiben, bietet sie einen der besten Blicke auf die Altstadt. Man sieht verschiedene historische Gebäude aus ungewöhnlichem Blickwinkel wie die massive steinerne Vleeshal, die Vishal, die wie ein Schiff aus dem Wasser ragt, sowie alte Häuser in der Jan Breydelstraat.

291 SINT-MICHIELSBRUG

5 überraschende
GEDENKTAFELN

296 VERTRAG VON GENT

Veldstraat 47
Stadtzentrum ①

Eine erstaunliche Gedenktafel ist an der Wand des Esprit-Ladens zu sehen. Sie markiert die Lage eines Gebäudes, in dem sich von Juli bis Dezember 1814 eine fünfköpfige amerikanische Delegation unter John Quincy Adams aufhielt. Sie war nach Gent gereist, um einen Friedensvertrag mit Großbritannien auszuhandeln, der den amerikanischen Unabhängigkeitskrieg beenden sollte. Eine kleinere Tafel darunter brachte die Organisation Daughters of the Revolution an, »in Würdigung der Gastfreundschaft der Bevölkerung von Gent«.

297 EDITH CAVELL

Kortrijksesteenweg 128
Citadelpark ⑤

Eine verstaubte Bronzetafel an einem Mietshaus erinnert an die Krankenschwester Edith Cavell (1865–1915). Sie wurde in Brüssel hingerichtet, weil sie im Ersten Weltkrieg während der deutschen Besatzung britischen Soldaten zur Flucht verholfen hatte: »Das ruhmreiche Opfer deutscher Barbarei wurde im April 1915 heimlich in diesem Haus beherbergt.«

298 PIERRE DE GEYTER

Kanunnikstraat 8
Universitätsviertel ④

Eine rustikale Holztafel an einer Hauswand im Studentenviertel erinnert an den Geburtsort des Komponisten Pierre De Geyter (1848–1932) in der Nähe. Sein berühmtestes Werk ist das Arbeiterkampflied *Die Internationale* (1888). Er wurde von Stalin 1927 nach Moskau eingeladen, an den Feierlichkeiten zum 10. Jahrestag der Oktoberrevolution teilzunehmen.

299 ALBRECHT DÜRER

Klein Turkije 4
Stadtzentrum ①

Eine alte Bronzetafel in Frakturschrift an dem alten Steinhaus gegenüber der Sint-Niklaaskerk berichtet, dass der deutsche Maler Albrecht Dürer (1471–1528) hier 1521 eine Woche im »Roten Hut« (*De Rode Hoed*) wohnte. Er kletterte auf den Turm der St-Baafskathedraal, skizzierte einen Löwen im Prinsenhof und betrachtete den *Genter Altar* der Brüder van Eyck, den er als ein »köstlich, hoch vollständig gemähl« rühmte.

300 HUGO VAN DER GOES

Sint-Pietersnieuwstraat 158
Universitätsviertel ④

Die Bronzetafel gegenüber dem Vooruit-Zentrum erinnert an das Gebäude, in dem der Genter Maler Hugo van der Goes (1428–1482) seinen *Portinari-Altar* fertigte. Das Triptychon mit Anbetung der Hirten, flankiert von der Stifterfamilie, gab der Florentiner Medici-Bankier Tommaso Portinari für eine Kapelle in der Stadt in Auftrag (heute Uffizien). Nach Fertigstellung erlitt der Künstler einen Zusammenbruch.

5 inspirierende
MUSEEN

301 **MUSEUM DR. GUISLAIN**
Jozef Guislainstraat 43
Norden ②
+32 (0)9 398 69 50
museumdrguislain.be

Ein irritierendes Museum am Stadtrand in einer im 19. Jahrhundert vom Arzt Jozef Guislain gegründeten vorbildlichen psychiatrischen Einrichtung. Die Besucher wandern durch ernüchternde verlassene Stationen, noch ausgestattet mit Eisenbetten und medizinischem Gerät. Die Wechselausstellungen faszinieren, ebenso die umfangreiche Sammlung von Außenseiterkunst (*Art brut*). Ein Museum, das niemanden unberührt lässt.

302 **HUIS VAN ALIJN**
Kraanlei 65
Patershol ②
+32 (0)9 235 38 00
huisvanalijn.be

Die 77 Minihäuser am Leieufer wurden im 14. Jahrhundert von einer einheimischen Familie als Wiedergutmachung für einen Mord gestiftet. Heute befindet sich in dem ehemaligen Armenhaus ein eindrucksvolles Volkskundemuseum, dessen 2018 umgestaltete Sammlung das Genter Alltagsleben spiegelt. Eine faszinierende Auswahl an altem Spielzeug, Bestattungsreliquien, Ladeneinrichtungen und Familienschnappschüssen – mit Puppentheater und einer alten flämischen Kneipe.

303 GUM

Karel Lodewijk Ledeganckstraat 35
Citadelpark ⑤
+32 (0)9 264 49 30
gum.gent

Das neue *Gents Universiteitsmuseum* (GUM) präsentiert auf faszinierende Weise seine Sammlung zur Wissenschaftsgeschichte, die Wissen, Forschung und kritisches Denken mit Kunst verbindet. Anhand von 400 000 Objekten, einst verstaut in staubigen Archiven, vermittelte es Einblick in die Funktionsweise wissenschaftlicher Forschung. Hier trifft man auf inspirierende Wissenschaftler wie Joseph Plateau, dessen *Phenakistiskop* über stroboskopische Bewegungen zur Entwicklung des Kinos führte, oder Leo Baekeland, der den ersten Massenkunststoff *Bakelit* entwickelte.

304 S.M.A.K.

Jan Hoetplein 1
Citadelpark ⑤
+32 (0)9 323 60 01
smak.be

Das *Stedelijk Museum voor Actuele Kunst* (mit bedeutender zeitgenössischer Sammlung) eröffnete 1999 im Citadelpark mit einem vom Direktor Jan Hoet organisierten Boxkampf. Es bietet neben Wechselausstellungen auch größere Kunst-Events in der ganzen Stadt.

305 INDUSTRIEMUSEUM

Minnemeers 10
Sint-Jacobs-Viertel ③
+32 (0)9 323 65 00
industriemuseum.be

Das Industriemuseum in einer ehemaligen Baumwollspinnerei ist ein begeisternder Ort zur Dokumentation der vielfältigen Industriegeschichte Gents mit beeindruckender Sammlung einschlägiger Relikte. Bemerkenswert ist etwa eine rekonstruierte alte Tuchfabrik mit originalem Maschinenpark, der bei Vorführungen ohrenbetäubenden Lärm erzeugt.

5 entdeckenswerte

GEHEIME STRASSEN

306 **TURREPOORTSTEEG**
Turrepoortsteeg
Stadtzentrum ①

Eine einsame Gasse zweigt zwischen hohen Backsteinmauern von der Hoogstraat ab, benannt nach dem einstigen Stadttor *Turrepoort* (13. Jahrhundert). Sie führt unter einem alten weißen Haus hindurch. Es mit einem winzigen religiösen Schrein einer Jungfrau mit Kind geschmückt, flankiert von rustikalen Leuchten.

307 **BIEZEKAPELSTRAAT**
Biezekapelstraat
Stadtzentrum ①

Kaum jemand folgt der krummen Gasse hinter der *St-Baafskathedraal*. Sie spiegelt noch gut die bedrohliche Lage im Gent des 14. Jahrhunderts, als wohlhabende Familien in massiven Steinhäusern lebten. In mehreren der Gebäude logiert heute die Musikakademie. Oft hört man beim Vorübergehen eine Beethoven-Sonate oder einen Schüler auf seiner Violine üben.

308 **WELLINGSTRAAT**
Wellingstraat
Stadtzentrum ①

Die ruhige Nebenstraße wird gesäumt von einfachen Textilarbeiterhäusern aus dem 16. und 17. Jahrhundert. Einige von ihnen besitzen Stufengiebel und an der Wand kleine religiöse Bildstöcke.

309 PROVENIERSTERS-STRAAT

Proveniersterssstraat
Stadtzentrum ①

Die idyllische alte Pflastergasse wird gesäumt von weiß getünchten Häusern, die einst zum Begijnhof St-Elisabeth einer religiösen Frauengemeinschaft gehörten. Die Türen besitzen noch Eisengitter, Klingelzüge und kleine Heiligenstatuen, doch die Schutzmauer, die den Hof umgab, wurde im 13. Jahrhundert abgerissen.

310 KORHOENSTRAAT

Korhoenstraat
Westlicher Vorort

Jüngst zur schönsten Gasse Gents erklärt, war die Korhoenstraat einst eine bescheidene Straße mit Häusern aus dem 19. Jahrhundert, die Textilarbeiter der nahen Fabrik bewohnten. Mit kleinen bepflanzten Vorgärten und liebevollen Details schufen sie ein ansprechendes urbanes Dorf.

309 PROVENIERSTERSSTRAAT

5 *interessante*
STADTQUARTIERE

311 **PATERSHOL**
Patershol ②

Das historische Viertel mit engen Gassen und Backsteinhäusern, im 10. Jahrhundert von Sattlern besiedelt, kam später herunter, denn es herrschten Prostitution und Kriminalität. Seit umfassender Restaurierung durch die Gemeinde in den 1980ern ist es heute ein attraktives Altstadtquartier mit Restaurants, Bars und Galerien.

312 **PRINSENHOF**
Stadtzentrum ①

Das ehemalige große Palastgut »Prinzenhof« verlor später seine Funktion. Heute wandert man dort entlang leerer Kopfsteinpflastergassen mit alten Backsteinhäusern (17. Jahrhundert) und stößt immer wieder einmal auf einen verlassenen Flussabschnitt der Lieve.

313 **DOK-NOORD**
Koopvaardijlaan
Dampoort ⑥
doknoord.be

Die verlassenen Genter Docks im Norden verwandeln sich zunehmend in ein angesagtes urbanes Quartier. Die alten Kais mit vielfältiger Gastronomie und Läden werden im Sommer zur Kulisse für Rockkonzerte, Ausstellungen, Filmvorführungen und einen coolen Stadtstrand.

314 PORTUS GANDA

Dampoort ⑥
portusganda.be

Das alte Hafengebiet östlich der Altstadt liegt am Zusammenfluss von Leie und Schelde. Früher arg heruntergekommen, verwandelte es sich jüngst in ein lebhaftes Viertel am Wasser mit restaurierten Kais und kleinem Jachthafen. Achten Sie auch auf die kleine blaue Sommerbar »Kiosko« am Ende des Hagelandkaais (Nr. 40/42).

315 MILJOENENKWARTIER

Paul de Smet de Naeyerplein
Bahnhofsviertel ⑤

Die Krijgslaan unter der Bahn hindurch, erreicht man das »Millionenviertel« mit repräsentativen Häusern, die auf einen Park blicken. Es wurde in den 1920ern auf dem Weltausstellungsareal von 1913 von mehreren Genter Architekten für die Stadtelite errichtet. Ein harmonisches Ensemble aus markanten Villen in verschiedenen Baustilen.

5 versteckte GÄRTEN

316 **SINT-PIETERSABDIJ, PARK**
Sint-Pietersplein 9
Universitätsviertel ④
+32 (0)9 266 85 00
sintpietersabdij. stad.gent

Hinter der *Sint-Pietersabdij* liegt, sanft zur Schelde abfallend, der idyllische Abteigarten. Ein romantischer Ort, den man durch ein ehemaliges Kutschentor betritt. Er geht zurück auf das 9. Jahrhundert, als man den Hang abstufte, um einen Weinberg anzulegen. 1983 wurde das Gelände neu geplant und mit Obstbäumen, Weinreben und Kräutern bepflanzt. Es präsentiert sich heute als Hotspot für Studenten, doch manchmal hat man die grüne Oase auch für sich. Am Montag nicht geöffnet.

317 **BUURTTUIN DE VEERGREP**
Kortrijksepoort-straat 200
Bijloke-Viertel ④

Genter Studenten kommen gern mit Lehrbüchern hierher, um in dem kleinen »Nachbarschaftsgarten« (*Buurttuin*) zu lesen. Er wurde 1992 auf einem abfallenden Areal angelegt, das zur Leie hinabführt. Ein romantisches kleines Stadtwäldchen, das fast ein bisschen wild anmutet.

318 SINT-LUCAS-SKULPTURENHOF

Zwartezusterstraat 34
Stadtzentrum ①

Der Innenhof der Kunstakademie Sint-Lucas ist voll mit einer skurrilen Sammlung vergessener barocker und gotischer Fragmente, die man hier im 19. Jahrhundert abstellte, als das ehemalige Kloster zu einer Kunstakademie umgestaltet wurde. Bögen, Wasserspeier und Tore, die als Anschauungsmaterialien für Architektur dienten, sind heute überwuchert mit Moos.

319 HOTEL D'HANE-STEENHUYSE, GARTEN

Korte Meer 20A
Stadtzentrum ①
historischehuizen.stad.gent

Wenige bemerken die Kutscheneinfahrt in der engen Korte Meer, doch es lohnt sich, einen Blick hinein zu werfen, wenn sie offen ist. Vorbei an einem Stallbereich mit hölzerner Futterraufe, betritt man einen verborgenen Garten aus dem 18. Jahrhundert, der zum Herrenhaus *Hotel d'Hane-Steenhuyse* gehört – ein geheimer Lustgarten mitten in Gent.

320 PLANTENTUIN

Ledeganckstraat 35
Citadelpark ⑤
plantentuin-gent.be

Wenige Touristen verirren sich in den Botanischen Garten der Universität (*Universiteit Gent Plantentuin*). Sie fürchten vielleicht, er sei zu ernst und wissenschaftlich, doch umfasst er eine faszinierende Sammlung von 7000 Pflanzenarten aus aller Welt, dazu Alpengarten, tropische Gewächshäuser und einen magnoliengesäumten romantischen See. Perfekt, um im Sommer dort ein Buch zu lesen.

316 PARK DER SINT-PIETERSABDIJ

319 HOTEL D'HANE-STEENHUYSE

5-mal

KURIOSES und WISSENSWERTES

321 **DULLE GRIET**
Grootkanonplein
Sint-Jacobs-Viertel ③

Nicht weit vom Vrijdagmarkt steht eine große rote Eisenkanone aus dem 15. Jahrhundert, die im Mittelalter zu den beeindruckendsten Riesengeschützen gezählt wurde. Die nach einer Verrückten aus dem flämischen Volksmythos benannte »Tolle Grete« wurde nur einmal bei einer Belagerung im 16. Jahrhundert abgefeuert, wobei die schwere Kugel, ohne Schaden anzurichten, zu Boden knallte.

322 **GEHSTEIGGÄRTEN UND FASSADENBÄNKE**
VERSCHIEDENE ORTE
gevelbank.be

Zur Verbesserung des allgemeinen Klimas in der Stadt kamen die Genter jüngst auf kreative Einfälle. Eines der Projekte umfasst kleine Gehsteiggärten, die ein Team mittels »Gorilla Gardening« vor den Häuserreihen anpflanzte. Eine andere Aktionsgruppe brachte einfache Holzbänke vor den Gebäuden an (*Gevelbanken* = Fassadenbänke), in der Hoffnung, dass sie die Nachbarn zusammenbringen und zu einer Atmosphäre wie in einer italienischen Stadt beitragen.

323 **TRINKBRUNNEN FÜR TIERE**

GEGENÜBER KRAANLEI 25

Patershol ②

GEGENÜBER VRIJDAGMARKT 42

Sint-Jacobs-Viertel ③

In der Stadt haben sich ein paar kuriose Trinkbrunnen aus Gusseisen erhalten, geschmückt mit Darstellungen von Hunden, Pferden und Vögeln, die im 19. Jahrhundert eine Tierschutzvereinigung in den Straßen aufstellte. Bei genauerer Betrachtung besitzen sie jeweils drei Trinkschalen – unten für Hunde, darüber eine für Pferde und ganz oben diejenige für Vögel.

324 **LUFTSCHUTZBUNKER**

Jozef Kluyskensstraat

Bijloke-Viertel ④

Auf dem Gelände des ehemaligen Krankenhauses im Bijloke-Viertel stehen noch zwei mit Gras überwachsene Betonbunker, die im Zweiten Weltkrieg als Luftschutzräume für Schwestern und Patienten des Hospitals genutzt wurden. Heute sind sie besetzt von Fledermauskolonien.

325 **GENTSE BARGE**

Koophandelsplein

Stadtzentrum ①

+32 (0)473 48 26 59

gentsebarge.be

Ein schmuckes Boot dümpelt vor dem ehemaligen Justizpalast. Der prächtige Frachtkahn in Weiß und Gold ist die moderne Rekonstruktion eines historischen Binnenschiffs aus dem 17. Jahrhundert, das (ohne eigenen Antrieb) auf dem Kanal zwischen Brüssel und Gent pendelte. Die Replik fertigte der Genter Kleinkünstler Walter De Buck im Rahmen eines städtischen Arbeitsbeschaffungsprogramms.

5 *geheimnisvolle Stellen im*
CITADELPARK

326 **POORTGEBOUW CITADEL**
Gustaaf Den Duytsdreef Citadelpark ⑤

Der Citadelpark liegt an der Stelle einer massiven Burg, die die Briten nach der Schlacht von Waterloo errichtet hatten und die 1898 zugunsten eines romantischen Parks geschleift wurde. Nur ein Tor blieb erhalten mit dem britischen Armee-Motto: »Niemand reizt mich ungestraft« (*Nemo me impune lacessit*).

327 **AMFITHEATER**
Théodore Canneelpad Citadelpark ⑤

Nur wenige Genter kennen das 1945 im Citadelpark angelegte Freilichttheater mit Platz für 1340 Zuschauer. Heute liegt es verlassen und vergessen da zwischen den Bäumen.

328 **LUFTSCHUTZBUNKER**
Théodore Canneelpad Citadelpark ⑤

Zwischen Bäumen über dem »Schweizer Tal« erkennt man neben einem weißen Gebäude verfallene Lüftungsschächte aus Beton, Teil einer riesigen unterirdischen Militäranlage von 1938. Der Luftschutzbunker aus dem Zweiten Weltkrieg wurde im Kalten Krieg in einen Kommandoposten umgewandelt. Heute dient er der Parkverwaltung als Stauraum für Gartengeräte.

329 MUZIEKKIOSK
Norbert Rousseaudreef
Citadelpark ⑤

Den eleganten schmiedeeisernen Musikpavillon von 1885 entwarf Charles Van Rysselberge. Im Sommer ist er Schauplatz eines entspannten Jazzfestivals.

330 GROT
Norbert Rousseaudreef
Citadelpark ⑤

Im 19. Jahrhundert wurde auf dem Areal der geschleiften Festung in einem exzentrischen Stadtprojekt eine künstliche Berglandschaft angelegt. Zwischen Felsformationen aus Beton liegen eine riesige Grotte und eine dramatische Felsroute (»Schweizer Tal«), auf der Tore ins künstliche Gestein gehauen wurden.

330 GROT

5 *ausgesprochen*
FRIEDLICHE ORTE

331 KLEIN BEGIJNHOF

Lange Violette-straat 77
Universitätsviertel ④

Der Kleine Beginenhof hinter einer Ziegelmauer wirkt verlassen. Eine schmale Pflasterstraße führt zu der Siedlung mit properen Giebelhäuschen und kleinen Heiligenstatuen über den Türen, einst von alleinstehenden unabhängigen Frauen *(Beginen)* bewohnt. Heute leben hier normale Bürger.

332 PRINSENHOFPLEIN

Prinsenhofplein
Stadtzentrum ①

Der wenig besuchte grüne Platz nördlich der Innenstadt diente im 15. Jahrhundert als Innenhof des prächtigen *Prinsenhof*, in dem 1500 Kaiser Karl V. geboren wurde. Von dem einst monumentalen Palast ist heute nur noch ein einzelnes Tor übrig. Auch das maßstabsgetreue Modell, das auf einem Sockel stand, wurde gestohlen.

333 PRUDENS VAN DUYSEPLEIN

Prudens van Duyseplein
Universitätsviertel ④

Der wohl schönste Baum von Gent, eine monumentale Platane von 1700, steht in einem heckenumzäunten Minipark, an einer Stelle, wo sich fünf Straßen treffen. Ein romantischer Ort, wenn auch umtost von einem Kreisverkehr.

334 HOF VAN RIJHOVE

Onderstraat 22
Stadtzentrum ①

Ein kaum benutztes Tor führt in den Hof van Rijhove mit einem friedlichen kleinen Park, außer, wenn die Kinder der nahen Schule auf dem Spielplatz einfallen. Zwischen den historischen Fassaden eines befestigten Patrizierhauses aus dem 14. Jahrhundert erstreckt sich ein idyllischer Garten im »mittelalterlichen« Stil, wo man u. a. alte Birnbaumsorten pflanzte.

335 MUINKPARK

Muinklaan
Universitätsviertel ④

Der hübsche englische Landschaftspark mit gewundenen Wegen und einem kleinen Teich ist alles, was vom einstigen Genter Tierpark übrig blieb. Einige der umliegenden Häuser mit Blick auf den Platz entstanden in den 1920er-Jahren im auffälligen Stil des Art déco.

331 KLEIN BEGIJNHOF

BRABANTDAM

45 ORTE FÜR DEN KULTURGENUSS

5 *Plätze zum Verständnis des*
GENTER ALTARS

336 **SAKRAMENTS-KAPELLE**
IN DER SINT-BAAFS-KATHEDRAAL
Sint-Baafsplein
Stadtzentrum ①
+32 (0)9 397 15 00
sintbaafskathedraal.be

Das weltberühmte Altartriptychon der Brüder van Eyck (18 Teile), seit seiner Enthüllung 1432 mehrmals gestohlen, zerlegt und versteckt, befindet sich wieder an seinem Originalstandort in der *Sint-Baafskathedraal*, außer einer Tafel, die 1934 entwendet wurde. Die Eichentafeln, über Jahre sorgfältig restauriert, hängen dort hinter kugelsicherem Glas in der prächtigen Sakramentskapelle. Wie im Mittelalter üblich, wird das Altarbild morgens sorgsam geöffnet (Festtagsseite) und am Abend wieder geschlossen (Alltagsseite).

337 **MAASEIKPLEIN**
Maaseikplein
Stadtzentrum ①

Dieser kleine Park versteckt hinter der Kathedrale mit Grünfläche, Obstgarten und Wildblumenwiese wurde 2019 auf dem Gelände eines Parkplatzes angelegt. Viele seiner Blumenarten begegnen einem auch auf dem *Genter Altar*, wie Waldmeister, Walderdbeeren und Madonnenlilien. Eine kleine Oase mit Picknickbänken und Kinderspielplatz.

338 **VAN-EYCK-DENKMAL**

Geraard de Duivelstraat
Stadtzentrum ①

Auf dem kleinen Platz südöstlich der Kathedrale erhebt sich ein Bronzedenkmal für die Brüder Jan und Hubert van Eyck, das 1913 bei Feierlichkeiten zur Weltausstellung enthüllt wurde. Es liegt hinter der Kapelle, in der einst der *Genter Altar* hing, und zeigt die beiden thronenden Künstler, umgeben von Bewunderern mit Blumen und Girlanden.

339 **VAN EYCK STREET ART**

Zur Feier des Van-Eyck-Jahrs 2020 (Präsentation des *Genter Altars*) lud man internationale Straßenkünstler ein, sich in der Stadt zu verewigen. Der Spanier Isaac Cordal verteilte 15 kleine nackte Miniaturpaare von Adam und Eva an verschiedenen Orten, Anspielung auf Einsamkeit und Isolation in moderner Zeit, während die Argentinierin Hyuro in einem riesigen surrealistischen Gemälde auf der Wand eines Antiquitätenladens auf die Flüchtlingskrise anspielt: drei Personen, die sich unter einem mit Blumenmuster verzierten Tuch verstecken (Dino Antiques, Bij Sint-Jacobs).

340 **CLOSER TO VAN EYCK**

closertovaneyck.kikirpa.be

Gesponsert von der Getty Foundation, startete dieses faszinierende Projekt, das sämtliche Bildtafeln des *Genter Altars* in besonders hochauflösenden Fotografien dokumentiert. Verbunden damit ist eine Website, die es Benutzern ermöglicht, auch winzigste Details fast mikroskopisch zu erkunden.

5 *Gemälde-Highlights im*
MUSEUM VOOR SCHONE KUNSTEN

Fernand
Scribedreef 1
Citadelpark ⑤
+32 (0)9 323 67 00
mskgent.be

341 KREUZTRAGUNG CHRISTI

Hieronymus Bosch schuf diese albtraumartige Vision (um 1515) gegen Ende seines Lebens. Sie zeigt einen gelassenen Christus, umgeben von 16 grotesk wirkenden Köpfen und einer schönen Frau, der hl. Veronika.

342 FAMILIENPORTRÄT

Cornelis de Vos fängt hier die ruhige Zufriedenheit flämischen Familienlebens im 17. Jahrhundert ein, im Porträt eines begüterten Paares und seiner vier Kinder (1631). Die Museums-Website verrät, es hätte einst so viel gekostet wie heute ein modernes Familienauto.

343 PORTRÄT EINES KLEPTOMANEN

Théodore Géricault malte in einem Pariser Hospital zehn Porträts von psychisch Kranken. Das Museum voor Schone Kunsten besitzt eines dieser mitfühlenden Bildnisse aus dem 19. Jahrhundert, das das unruhige Gesicht eines Kleptomanen zeigt (um 1822).

344 PORTRÄT DER MARGUERITE VAN MONS

Théo van Rysselberghe fertigte im Sommer 1886 dieses einfühlsame Bildnis der damals zehnjährigen Marguerite van Mons in einem schwarzen Kleid und mit einem Silberarmband, das effektvoll das Licht einfängt. Sie heiratete später einen Brüsseler Anwalt und starb 1919 im Alter von 43 Jahren.

345 DAS GUTE HAUS

Gustave de Smet, der aus dem Dorf Sint-Martens-Latem westlich von Gent stammte, malte hauptsächlich Szenen aus dem bäuerlichen Leben. Dieses eindringliche expressionistische Werk jedoch, das 1926 entstand, zeigt zwei Männer, die ein Bordell besuchen.

5 *interessante Locations für* STREET-ART

346 **WAND AM VISSERIJ-KANAL**
RÜCKSEITE DER ARTEVELDEHOGESCHOOL
Jongenstragel
Dampoort ⑥

Der belgische Straßenkünstler Joachim (Lambrechts) wurde 2018 eingeladen, die Wand hinter der Arteveldehogeschool am schmalen Uferweg des Visserij-Kanals zu gestalten. Es entstand das Pop-Art-Graffito eines Schülers, der rote Herzen malt. Bei näherem Hinsehen erkennt man zahlreiche Gucklöcher in der Wand zum Schulhof, die der Street-Artist Michel François hineinbohrte, als Reflexion über Grenzen und Sinn von Mauern.

347 **VERDEDIGINGSTRAAT**
Kortrijksepoort-straat 279–281
Universitätsviertel ④
mrmong.be

Der Genter Straßenkünstler Mr. Mong besprühte 2016 bei einem Street-Art-Festival die Seitenwände der Häuser Kortrijksepoortstraat 279 und 281. Unter Verwendung der Farben Schwarz und Weiß schuf er zwei Science-Fiction-Wandbilder an der Verdedigingstraat, die futuristische Maschinen und heldenhafte Frauen zeigen.

348 SINT-PIETERS-NIEUWSTRAAT

Sint-Pieters-nieuwstraat
Universitätsviertel ④

Straßen-, Lichtkünstler und Urban Gardener wurden im Sommer 2020 von der Stadt beauftragt, die Sint-Pietersnieuwstraat zu beleben. Der Genter Street-Artist A Squid Called Sebastian schuf eine große Arbeit über drei Garagentore, während der aus Brüssel stammende Bonom einen großen archaischen Vogel an die Wand des Vooruit-Kulturzentrums sprühte (Nr. 23).

349 TWEEBRUGGEN-STRAAT

Tweebruggen-straat 34
Universitätsviertel ④

Im Jahr 2012 beauftragte die Stadtverwaltung 35 Künstler, die leere Außenwand einer Schule mit Street-Art zum Thema Radfahren zu verzieren. Die Street-Artistin Din Din fertigte die liebevolle Darstellung einer Mutter, die mit ihren sechs Kindern in einem typischen *Bakfiets*-Lastenfahrrad fährt.

350 PARIJSBERG

Lammerstraat
Universitätsviertel ④

Mehrere Straßenkünstler hinterließen Wandgemälde in der engen Straße nördlich des Vooruit-Kulturzentrums. Bué the Warrior besprühte ein Garagentor mit Comic-Figuren, De Papzakken ein Parkhaus aus Beton mit feinen Strichzeichnungen futuristischer Gebäude und Vögel. Biegen Sie nach links die Gasse hinab, dort finden Sie ein abstraktes Werk des Künstlers Strook.

5 *weniger bekannte* INNENRÄUME

351 **HOTEL D'HANE-STEENHUYSE**
Veldstraat 55
Stadtzentrum ①
+32 (0)9 243 97 30
stadspaleizen.stad.gent

Das Stadtpalais aus dem 18. Jahrhundert gehörte der Familie d'Hane-Steenhuyse. Sein opulentes Interieur erinnert an die vielen Prominenten, die einst hier verkehrten, wie der glänzende Ballsaal, einer der prächtigsten Räume. In dem Gebäude wohnte König Ludwig XVIII. einige Monate, nachdem Napoleon ihn zur Flucht aus Frankreich gezwungen hatte. Inzwischen ist es wieder möglich, das ehemalige Herrenhaus Fr, Sa und So von 14 bis 18 Uhr zu besichtigen.

352 **SINT-PIETERSABDIJ, REFEKTORIUM**
Sint-Pietersplein 9
Universitätsviertel ④
+32 (0)9 266 85 00
sintpietersabdij.stad.gent

Nur wenige Besucher Gents kennen das bemalte Gewölbe im Refektorium der *Sint-Pietersabdij*. Im Rahmen einer Audiotour mit dem Mönch Alison können Sie das spektakuläre Deckengemälde aus dem 18. Jahrhundert bewundern, das Szenen aus dem Alten und Neuen Testament zeigt. Auffällig viele dieser biblischen Episoden haben mit dem Thema Essen und Trinken zu tun.

353 DE BIJLOKE

Bijlokekaai 7
Bijloke-Viertel ④
+32 (0)9 323 61 00
bijloke.be

In dem ehemaligen Krankenhaus aus grauem Tournai-Stein (1251–55) entstand 1999 ein faszinierendes Musikzentrum. In seinem weitläufigen Innenraum kann man noch die alten Dachbalken aus Eichenholz erkennen. Der inspirierende Veranstaltungsort bietet ein vielfältiges Programm von klassisch über zeitgenössisch bis Jazz.

354 BANK VAN DE ARBEID

Voldersstraat 1
Stadtzentrum ①
sogent.be

Die Bank van de Arbeid, 1920 von der sozialistischen Partei im großzügigen neoklassizistischen Stil erbaut, ging während der Bankenkrise 1934 pleite. Heute hat hier die Stadtentwicklungsgesellschaft SoGent ihren Sitz, der auch für Ausstellungen zur Stadtplanung genutzt wird. Es lohnt sich, durch die beeindruckende Halle zu schlendern und einen Blick in den ehemaligen Saferaum im Keller zu werfen.

355 HUIS ARNOLD VANDER HAEGHEN

Veldstraat 82
Stadtzentrum ①
+32 (0)9 266 85 00
historischehuizen.stad.gent

Das opulente Bürgerpalais aus dem 18. Jahrhundert gehörte einst einem Genter Textilbaron. Die Räume im Erdgeschoss sind einige Stunden wöchentlich für die Öffentlichkeit zugänglich. Sehenswert: das große Treppenhaus, das elegante Speisezimmer und erlesene chinesische Tapeten sowie das rekonstruierte Arbeitszimmer des Genter Schriftstellers und Literatur-Nobelpreisträgers von 1911 Maurice Maeterlinck.

5 *vielfältige* SKULPTUREN MIT GEHEIMNIS

356 **HET BREISTERTJE**
Zilverhof 35
Patershol ②

Kaum ein Passant achtet beim Vorübergehen auf die kleine Bronzedarstellung eines *Strickenden Mädchens*, die hier in eine Hausecke eingelassen ist. Geschaffen wurde sie 1976 von dem französischen Künstler Jean-Pierre Clemençon, der weitere merkwürdige Symbole darin verarbeitete: eine zerbrochene Säule und ein Wagenrad.

357 **NEPTUN**
Sint-Veerleplein
Patershol ②

Das extravagante Barocktor vom Ende des 17. Jahrhunderts, das einst zum alten Fischmarkt führte, wird bekrönt von einer prächtigen Figur des Meeresgottes Neptun, umgeben von Seepferden und Delfinen. Die beiden nackten Figuren etwas darunter stellen jene beiden Flüsse dar, die sich in Gent treffen: links die (wichtigere) Schelde, symbolisiert durch einen Mann mit Segel, rechts die Leie, für die eine Frau mit frisch gefangenen Fischen steht.

358 **DIVING LADY**
Ketelpoort
Stadtzentrum ①

Die Skulptur einer Frau, die sich anschickt, in die Fluten zu springen, steht auf einem Balkon mit Blick auf die Leie. Entworfen von dem Briten Ronald Cameron, wurde sie von einem örtlichen Sammler erworben. Die Darstellung eines (männlichen) Pendants von Philippe Timmermans erkennt man auf dem Dach eines Gebäudes auf der gegenüberliegenden Fluss-Seite.

359 **DE MAMMELOKKER**
Emile Braunplein/
Botermarkt 17
Stadtzentrum ①

Ein merkwürdiges Steinrelief bekrönt den Eingang des kleinen Gebäudes aus dem 18. Jahrhundert am Fuß des Belfried, das früher als Gefängnis diente. Der sog. *Mammelokker* (»Brustsauger«) illustriert eine alte Erzählung, wonach der Römer Cimon, der im Gefängnis zu verhungern drohte, bei einem Besuch seiner Tochter Pero von dieser mit Muttermilch ernährt wurde. Den Namen *Mammelokker* trägt übrigens auch ein lokales Bier.

360 **BRUGES-LA-MORTE**
Begijnhofdries
Stadtzentrum ①

Die seltsame symbolistische Figur einer Frau von Bildhauer Georg Minne (1903), die an das Hauptwerk Georges Rodenbachs, den Roman *Bruges-la-Morte (Das tote Brügge)* von 1892, erinnert, sollte ursprünglich vor dem Begijnhof in Brüssel stehen. Da die Stadt dies ablehnte, landete sie schließlich vor dem ehemaligen Genter St-Elisabeth-Beginenhof.

5 gute Plätze mit

STREET-ART VON ROA

361 **STORCH**
Bastionstraat/ Ecke Hagelandkaai 39 Dampoort ⑥

Der geheimnisumwobene Genter Straßenkünstler ROA, der Darstellungen wilder Tiere in London, New York und Paris schuf, begann einst in seiner Heimatstadt, wo sich einige Werke erhielten. Eines der spektakulärsten ist dieser Storch an der Seitenwand eines Studentenheims westlich des Bahnhofs Dampoort: Mit einem angezogenen Bein sieht dieser aus, als wolle er über ein Straßenschild steigen.

364 VIER KANINCHEN

362 RABE

Ketelvest 73
Stadtzentrum ①

Von der Brücke über den Ketelvaartkanal erkennt man an einer leeren Wand hinter der Bäckerei Panos einen von ROA gemalten schwarzen Raben. Wie meist erhielt der Künstler vor Beginn der Arbeit die Genehmigung des Eigentümers.

363 HÄNGENDER HASE

Oude Houtlei
Stadtzentrum ①

Der Straßenkünstler ROA schuf im Van-Eyck-Jahr 2020 noch einmal eine Arbeit für die Stadt. Inspiriert vom Opferlamm im *Genter Altar*, zeigt sein Gemälde an einer Wand der Sint-Lucas-Kunstakademie einen riesigen herabhängenden Hasen, Symbol von Wiedergeburt und Auferstehung.

364 VIER KANINCHEN

Tempelhof 28
Patershol ②

ROA liebt die Arbeit in engen Seitenstraßen, wo niemand vorbeikommt. In einer solch verborgenen Ecke verzierte er eine weiße Wand mit vier schlafenden Kaninchen. Auch in London schuf er ein riesiges Kaninchen an der Wand eines Tonstudios in Hackney. Als der Gemeinderat es übermalen wollte, rettete es eine Facebook-Kampagne.

365 DE BUFFEL

Kapelaanstraat
Dampoort ⑥

Dass Street-Art vergänglich ist, zeigt ein anderes legendäres Werk, das inzwischen (mit Zustimmung ROAs) der Abrissbirne zum Opfer fiel. Der legendäre schlafende Büffel (einst an der Wand eines türkischen Lebensmittelgroßhändlers nahe der St-Baafsabdij) wird nur auf Fotos überleben.

5 inspirierende

TANZ- & THEATER-GRUPPEN

366 **ONTROERENDGOED**
ontroerendgoed.be

Dieses Kollektiv Alexander Devriendts steht seit seinem ersten Auftritt 2001 im Hotsy Totsy Club für kraftvolle, experimentelle Produktionen. So spielt man Theaterstücke, die gegen sämtliche Theaterregeln verstoßen und das Publikum verunsichert zurücklassen. Wenngleich durchaus nicht unumstritten, gewannen die Produktionen unzählige Preise, die Performances sind meist ausverkauft. Inzwischen ist man so oft auf Tour, dass Auftritte in Gent heute eher selten ausfallen.

367 **LES BALLETS C DE LA B**
Bijlokekaai 1
Bijloke-Viertel ④
+32 (0)9 221 75 01
lesballetscdela.be

Eine der einflussreichsten Tanzkompanien Europas (in einem markanten Glasgebäude im Süden Gents) wurde 1984 von Alain Platel und seiner Schwester mit dem ambitionierten Namen »Les Ballets Contemporaines de la Belgique« gegründet. Die Truppe erarbeitete sich einen Ruf mit gewagten Produktionen und zählt heute zu den Geheimtipps des europäischen Tanztheaters.

368 **COMPAGNIE CECILIA**
Dok-Noord 4F
Dampoort ⑥
+ 32 (0)9 223 53 82
compagnie-cecilia.be

Achten Sie auf Produktionen dieser aufregenden Genter Theatertruppe im Gebiet des Alten Hafens. Gegründet von Arne Sierens und Johan Heldenbergh, präsentiert sie energetische Performances, die Musik-, Zirkus- und Slapstickelemente kombinieren. Der vielfach ausgezeichnete belgische-niederländische Film *The Broken Circle Breakdown* (2012) basierte auf einem Theaterstück Johan Heldenberghs aus dem Jahr 2008.

369 **NTGENT**
Sint-Baafsplein 17
Stadtzentrum ①
+32 (0)9 225 01 01
ntgent.be

Das Niederländische Theater (*Nederlands Tonel*) Gent hat seine Hauptspielstätte in der *Koninklijke Nederlandse Schowburg*, einem markanten flämischen Renaissancebau von 1899. Spezialisiert auf avantgardistisches zeitgenössisches Theater (auf Niederländisch), bietet es auch Opern, literarische Lesungen, Konzerte und Kinderaufführungen an.

370 **LOD MUZIEKTHEATER**
Bijlokekaai 3
Bijloke-Viertel ④
+32 (0)9 266 11 33
lod.be

Diese junge Genter Truppe steht für gewagte Opern- und Musiktheaterproduktionen, in denen sie zeitgenössische Musik, Theaterelemente, bildende Kunst und Philosophie verbindet. Auch der Genter Stadtkomponist ist häufig in die Produktionen involviert.

5 *führende individuelle* KUNSTGALERIEN

371 **KIOSK**
Louis Pasteurlaan 2
Bijloke-Viertel ④
kiosk.art

Diese Galerie, seit 2010 im ehemaligen Anatomischen Theater eines aufgegebenen Poliklinischen Instituts in Bijloke, erreicht man über eine Reihe alter Korridore. In ihrem markanten neogotischen Innenraum finden jährlich vier Ausstellungen aktueller Kunst statt.

372 **GALERIE RUFUS**
Land Van Waaslaan 58
Dampoort ⑥
+32 (0)486 63 42 23
rufus.gallery

Der Grafiker Jens betreibt seine kleine Galerie im lebendigen Dampoort-Viertel. Untergebracht in einem Art-déco-Reihenhaus, präsentiert sie insbesondere aufstrebende Grafikkünstler aus Belgien und der ganzen Welt.

373 **KUNSTHAL**
Lange Steenstraat 14
Patershol ②
+32 (0)9 269 29 10
kunsthal.gent

Das ehemalige *Caermersklooster* (13. Jh.) in Patershol wurde umgestaltet zu einem hellen Präsentationsraum für zeitgenössische Kunst. 2019 eröffnet, präsentiert das neue Kulturzentrum in einer imposanten gotischen Kapelle Kunstinstallationen, Musikperformances und Filmvorführungen.

374 **019**
Dok-Noord 5L
Dampoort ⑥
019-ghent.org

Das Kreativ-Zentrum in dem unauffälligen Bau eines alten Schweißwerks gegenüber dem Dok-Noord-Komplex wird leicht übersehen. Betrieben wird es vom Künstlerkollektiv Smoke & Dunst und inszeniert Ausstellungen, Diskussionsforen, Happenings und Installationen im Freien, die zu den aufregendsten der Stadt zählen.

375 **TATJANA PIETERS**
Nieuwevaart 124/001
Norden außerhalb
+32 (0)9 324 45 29
tatjanapieters.com

Tatjana Pieters präsentiert zeitgenössische Kunst in einem atemberaubenden Raum am Stadtrand. Sie zeigt experimentelle Künstler wie Audrey Cotton, Philippe Van Snick oder Derek Sullivan. Aktuelle Ausstellungsinfos auf der Website.

371 KIOSK

5 spektakuläre KUNST-INSTALLATIONEN

376 **MONUMENT**
Sint-Pietersplein
Universitätsviertel ④

Dieses Wandgemälde der Künstlerin Anouk De Clercq, 2011 enthüllt, ist nicht leicht zu finden (an der Seitenwand einer Treppe, die zu einem unterirdischen Parkplatz führt). Als »Denkmal des Studentenlebens« zeigt es ein abstraktes Bücherregal der Genter Universitätsbibliothek, ergänzt durch einen akustischen Aspekt, den viele nicht bemerken: Wenn man sich der Arbeit nähert, hört man leise Tonaufnahmen der Künstlerin von Studenten, die in der Bibliothek flüstern.

377 **AI NATI OGGI**
Sint-Veerleplein
Patershol ②

Die Laternen am Sint-Veerleplein sind so programmiert, dass sie immer aufflackern, wenn in einer Entbindungsstation ein Kind zur Welt kommt. Der Italiener Alberto Garutti schuf seine Installation *Ai Nati Oggi* (für alle heute Geborenen) 2012 anlässlich des Kunst-Events TRACK, doch für ein solches Ereignis wartet man oft lang in einer kleinen Stadt wie Gent.

378 BLAUE VÖGEL

Predikherenlei
Stadtzentrum ①

Inspiriert von Maurice Maeterlincks lyrischem Theaterwerk *Der blaue Vogel*, entwarf das französische Designstudio Pitaya die poetische Lichtinstallation *Les Oiseaux de Mr. Maeterlinck* für das Ghent Light Festival 2012 – Dutzende winziger blauer Vögel, die sich auf einem Baum niederlassen. Direkt am Fluss gelegen, ist sie seither permanent von Beginn der Dämmerung bis Mitternacht zu sehen.

379 JUNGE FRAU

Goudenleeuwplein
Stadtzentrum ①

Das winzige Fresko des Genter Künstlers Michaël Borremans ist nur mit großer Mühe auszumachen. Suchen Sie nach der großen Glocke im Betonturm nicht weit von der neuen Stadshal. Dort ziert es eine Wand über den Aufzugstüren – eine mysteriöse junge Frau in Schwarz, deren Augen Lichtstrahlen aussenden.

380 BIBLIOTHEKSHUND

Rozier 9
Universitätsviertel ④
boekentoren.be

Die Bronzestatue eines lebensgroßen Hundes der Bildhauerin Greta van Puyenbroeck, der auf dem Dach des *Boekentoren* (Bibliotheksturms) sitzt, bleibt meist unbemerkt. Bei Renovierungsarbeiten 2018 wurde er etwas nach unten versetzt. Am besten erkennt man ihn von Sint-Pietersplein aus.

20 ORTE ZUM ÜBERNACHTEN

5 höchst
STYLISHE B&Bs

381 **LOGID'ENRI**
Brabantdam 201
Stadtzentrum ①
+32 (0)9 225 35 77
logidenri.be

Innenarchitekt Didier Michiels und seine Frau verwandelten zwei zentrumsnahe Stadthäuser aus dem 19. Jahrhundert in ein großartiges B&B. In geschmackvollem modernem Stil präsentieren sich elf unterschiedlich eingerichtete Zimmer mit ansprechenden Details wie Teakholzböden und Designerstühlen.

382 **B&B ACHILLES**
Kunstlaan 18
Universitätsviertel ④
+32 (0)9 278 17 64
bnb-achilles.com

Dieses schmucke B&B eröffnete 2019 in einem Art-Nouveau-Haus des Architekten Achilles Van Hoecke-Dessel an einer eleganten, baumgesäumten Straße. Sechs Gästezimmer sind im klaren nordischen Stil möbliert, dazu gibt es eine Lounge und einen kleinen ummauerten Garten.

383 **DE WATERZOOI**
Sint-Veerleplein 2
Patershol ②
+32 (0)475 43 61 11
dewaterzooi.be

In einem liebevoll restaurierten Gebäude aus dem 17. Jahrhundert mit Blick auf Burg Gravensteen schufen Kay und Christian Delens ein hinreißendes B&B. Die beiden Suiten besitzen große weiße Sofas, bequeme Betten, eine rustikale Treppe und edle Badezimmer.

384 **GRAAF.**
Sint-Margrietstraat 52
Patershol ②
+32 (0)495 76 36 56
graafgent.be

Das schöne, moderne B&B von Kenzo & Gwynn wurde mit Objekten belgischer Designer ausgestattet, Keramik von Luca Beel und verspielten Designobjekten von GRiNT. Die Zimmer tragen Frauennamen. Angeboten werden großes oder kleines Frühstück, und die Eigentümer geben Tipps zu ihren Lieblingslokalen.

385 **KORENLEI EÉN**
Korenlei 1
Stadtzentrum ①
+32 (0)475 32 45 00
korenleieen.be

Einer der wohl stimmungsvollsten Orte, um zu übernachten, ist dieses schöne B&B in einem historischen Eckgebäude im Herzen Gents. Betrieben von den Eigentümern des Restaurants »Korenlei Twee«, verfügt es über drei Gästezimmer mit spektakulärem Blick auf das Leieufer. Über eine schmale Holztreppe erreichbar, besitzen sie Holzböden, schöne alte Balken und modernste Bäder.

381 **LOGID'ENRI**

5 besonders

ROMANTISCHE REFUGIEN

386 THE VERHAEGEN

Oude Houtlei 110
Stadtzentrum ①
+32 (0)9 265 07 60
theverhaegen.com

Ein nobles Refugium in einem weißen Rokokohaus mit Garten. Die vier Zimmer wurden von den Eigentümern, beide sind Innenarchitekten, mit einer kreativen Mischung aus Antiquitäten des 18. Jahrhunderts und modernen Objekten ausgestattet. Man frühstückt im charmanten Rokokosalon, im Winter bei Kaminfeuer.

387 HOTEL HARMONY

Kraanlei 37
Patershol ②
+32 (0)9 324 26 80
hotel-harmony.be

Dieses geschmackvolle, familiengeführte Hotel verfügt über geräumige Gästezimmer mit moderner Einrichtung, historischen Fotografien von Gent an den Wänden und luxuriös ausgestatteten Bädern. Seine zentrale Lage direkt am Leieufer ist ideal, um die Altstadt zu erkunden.

388 HANCELOT

Vijfwindgatenstraat 19
Universitätsviertel ④
+32 (0)9 234 35 45
hancelot.be

Das selbst erklärte »Charme Hotel« liegt im liebevoll restaurierten Stadthaus eines belgischen Barons aus den 1840er-Jahren in einem ruhigen Wohnviertel nicht weit von der Altstadt. Zimmer in zeitgemäßer Pracht mit knarrenden Holzböden, hohen Decken und Kristalllüstern.

389 **PILLOWS GRAND HOTEL REYLOF**
Hoogstraat 36
Stadtzentrum ①
+32 (0)9 235 40 70
pillowshotels.com/ghent

Das luxuriöse Hotel logiert in einem eindrucksvollen weißen Herrenhaus aus dem 18. Jahrhundert mit geschwungener Treppe. Die großzügigen Zimmer mit Parkett präsentieren sich in schlichter Eleganz. In der ehemaligen Kutschenremise des Vorbesitzers sind ein kleiner Pool und Sauna untergebracht.

390 **GANDA ROOMS & SUITES**
Houtbriel 18
Sint-Jacobs-Viertel ③
+32 (0)9 330 20 22
gandaroomsand suites.be

In einem großen Stadthaus von 1757 entwarf Annik Fantin ein wunderbares, die Sinne verwöhnendes Quartier im Herzen des Sint-Jacobs-Viertels. Die sechs Gästezimmer sind geschmackvoll ausgestattet mit Sofas, Gemälden und Skulpturen. Alles von exquisiter Qualität, von den Marmeladengläsern bis zur leisen Jazzmusik im Hintergrund.

388 HANCELOT

5 Tipps für
GÜNSTIGE QUARTIERE

391 **HOTEL ONDERBERGEN**
Onderbergen 69
Stadtzentrum ①
+32 (0)9 223 62 00
hotelonderbergen.be

In einem historischen Gebäude im Herzen Gents logiert dieses komfortable Hotel mit geräumigen Zimmern und freundlichem Personal, von dem man oft gute persönliche Tipps erhält. Im Stadtzentrum lässt sich nur schwer ein besseres Familienhotel finden, wenn man nicht bereit ist, ein Vermögen auszugeben.

392 **HOSTEL UPPELINK**
Sint-Michielsplein 21
Stadtzentrum ①
+32 (0)9 279 44 77
hosteluppelink.com

Das schöne neue Hostel liegt direkt am Grasleikanal und wurde erst vor Kurzem in einem historischen Steinhaus aus dem Jahr 1200 eröffnet. Die Räume mit teils unverputzten Ziegelwänden und alten Holzbalken bieten atemberaubende Ausblicke auf die Altstadt. Perfekt geeignet für reisende Singles und Studenten, die gerade in Gent gelandet sind. Die Besitzer sind besonders freundlich, die entspannte Bar ideal, um neue Freundschaften zu schließen.

393 **KABA HOSTEL**
Filips van Arteveldestraat 35
Stadtzentrum ①
+32 (0)9 233 53 33
kabahostel.be

Ein entspanntes, modernes Hostel am Rand der Altstadt mit freundlichen Leuten am Empfang, ausgestattet mit atemraubender Kunst lokaler Street-Artisten. Kurz: ein perfekter Ausgangspunkt für Preisbewusste, mit Mehr-Bett-Räumen oder Doppelzimmern und Gemeinschaftsküche sowie Lounge und ummauertem Garten.

394 **THE LIBRARIAN**
Sint-Jansvest 15
Stadtzentrum ①
+32 (0)472 02 70 17
heirloom.be

Nahe der Stadtbibliothek gelegen, ist dies eins von mehreren günstigen Hotels, die Caroline Delbecque und Nehme Darwiche in historischen Stadthäusern eröffneten, als Unterkünfte für moderne Reisende, die gute Eigenschaften eines Fünf-Sterne-Hauses (wie bequeme Betten) mit der entspannten Atmosphäre eines B&B verbinden. Durch eine virtuelle Rezeption und Online-Butler für auftretende Probleme hält man die Kosten niedrig.

395 **GETAWAY GENT**
Seminariestraat 2
Stadtzentrum ①
+32 (0)9 233 96 88
getaway.be

Ein ehemaliges katholisches Priesterseminar mauserte sich zum angesagten Spot für Übernachtungen im Herzen Gents. Das Gebäude von 1911 nahe der Vlerick Business School wurde in helle, moderne Studio-Apartments unterteilt, jeweils mit Arbeitsbereich und kleiner Küche.

5 *Unterkünfte in*
UNGEWÖHNLICHEM AMBIENTE

396 **STUDIOMIE, EIN-RAUM-HOTEL**
Bomastraat 20–22
Dampoort ⑥
+32 (0)497 43 26 42
studiomie.be

Mieke de Maeyer steht hinter dem ungewöhnlichen »Ein-Raum-Hotel« in einem Schiffscontainer, hoch thronend über einer Industriehalle. Das Interieur in zeitgemäßem verspieltem Stil umfasst Sperrholzwände, eine winzige Dusche und eine ausziehbare Leiter, die hinauf zum Schlafraum führt. Perfekt für alle, die sich für skurrile moderne Architekturlösungen begeistern können.

397 **SNOOZ INN**
Ham 89
Dampoort ⑥
+32 (0)496 24 14 26
snoozinn.be

Das freundliche neue B&B, untergebracht in einer alten Druckerei, liegt nur 10 Gehminuten vom Zentrum entfernt in einem ruhigen Stadtviertel. Die drei Gästezimmer folgen einem coolen Minimalismus mit witzigen Ideen wie TV-Projektionssystem oder blau leuchtender Duschkabine mitten im Raum.

398 **1898 THE POST**

Graslei 16
Stadtzentrum ①
+32 (0)9 391 53 79
1898thepost.com

In den oberen Etagen des ehemaligen Zentralpostamts aus dem 19. Jahrhundert eröffnete 2017 ein markantes Boutiquehotel. Die elegant mit antiken Möbeln eingerichteten Zimmer nehmen Bezug auf die historische Architektur mit ihren hohen Decken und bieten unnachahmliche Blicke auf die Stadt. Die elegante Cocktailbar *The Cobbler* entwickelte sich bald zum angesagten Treff der Stadt.

399 **VILLA EMMA**

Waterdreef 13
Dampoort ⑥
+32 (0)9 259 21 95
villa-emma.eu

Das elegante Hotel liegt in einer hübschen Art-Nouveau-Villa von 1909 in einer ruhigen Vorstadtstraße. Die geräumigen Zimmer sind geschmackvoll ausgestattet mit bequemen Sitzbereichen und modernen Regenduschen. Die Besitzer Hilde und Georges servieren ein reichhaltiges Frühstück mit lokalen Produkten und selbst gebackenem Brot. Doch am schönsten ist der Garten, liebevoll gestaltet mit 76 Blumenarten, die Botaniker auf dem *Genter Altar* bestimmen konnten.

400 **EXPO 13**

Prinses Clementinalaan 13
Bahnhofsviertel ⑤
+32 (0)475 28 93 85
expo13.be

Das B&B in der Nähe des St-Pieters-Bahnhofs befindet sich in einem Stadthaus aus dem 19. Jahrhundert. Es bietet fünf Zimmer mit Holzböden, alte Marmorkamine und historische Badewannen. Die freundlichen Besitzer servieren ein reichhaltiges Frühstück. Zimmer 5, versteckt unter dem Dachboden, ist ein perfektes romantisches Refugium.

411 **CAFE VENTURA**

50 AKTIVITÄTEN FÜRS WOCHENENDE

5 *perfekte* STADT-SPAZIERGÄNGE

401 **ACHTERVISSERIJ**
Achtervisserij
Dampoort ⑥

Eine tolle Flanierstrecke am Wasser vom Bahnhof Dampoort aus folgt dem baumgesäumten Schoolkaai Richtung Leie nach Westen und führt weiter an einem ruhigen Abschnitt der Uferpromenade entlang (Süden), bis sich der Fluss teilt. Hier kann man dem überwucherten Treidelpfad Achtervisserij folgen in eine fast vergessene Ecke: Genter in Kanus paddeln dort an Fabrikmauern vorbei mit Graffiti von Bué the Warrior.

402 **LEIE-PROMENADE**
Bijlokekaai
Bijloke-Viertel ④

Eine der schönsten Flanierstrecken Europas führt am ruhigen, überwucherten Bijlokekaai entlang nach Norden, gesäumt von markanten Gebäuden der Uni, gegenüber steilen Gärten und alten Teehäusern. Weiter geht es entlang Lindenlei, dann wechselt man am Anfang von Predikherenlei zum anderen Ufer, um von gegenüber das alte Kloster *Het Pand* zu betrachten, bevor man sich unter der *Sint-Michielsbrug* hindurch an der wunderschönen Graslei-Promenade wiederfindet.

403 GENT AM ABEND

Sint-Michielsbrug
Stadtzentrum ①
stad.gent/gentverlicht
visit.gent.be/de/staunen-erleben

Nach Einbruch der Dämmerung ist Gent besonders stimmungsvoll, seit 1998 ein neues Lichtkonzept in Kraft trat. Ein Nachtspaziergang beginnt auf der *Sint-Michielsbrug*, weiter am Ufer nach Norden zum *Vrijdagmarkt*, dann nach Osten in die Gassen rund um die *Sint-Jacobskerk*.

404 ART-NOUVEAU-SPAZIERGANG

Citadelpark ⑤

Ein Spaziergang rund um den Citadelpark (1 Std.) streift schöne Bauten des belgischen Jugendstils (Art nouveau). Vom Bahnhof St-Pieters aus gehen Sie die Prinses Clementinalaan entlang (prächtige Art-Nouveau-Häuser mit Gusseisendetails und bemalten Fliesen) und weiter auf die Parklaan, Fortlaan und Kunstlaan.

405 ARCHITEKTUR-SPAZIERGANG

Muinkkaai
Universitätsviertel ④

Einige der markantesten Gebäude Gents kann man streifen, wenn man dem schmalen Treidelpfad entlang dem Muinkkaai folgt. Vom Woodrow Wilsonplein am nördlichen Ende aus erkennt man die ehemalige Handelskammer, die Rückseite des Vooruit-Zentrums von 1913 und mehrere Universitätsgebäude, darunter die brutalistische Betonfakultät für Wirtschaftswissenschaften, entworfen von Stéphane Beel. Hinter der barocken Sint-Pietersabdij noch weiter südlich folgt die Artevelde-Hochschule der Architektengruppe Crépain-Binst direkt hinter der Brücke.

5 *Möglichkeiten,* FIT ZU WERDEN

406 BOURGOYEN-OSSEMEERSEN
Driepikkelstraat 32
Nordwesten
außerhalb
visit.gent.be/de/staunen-erleben

Das 220 Hektar große *Stedelijk Natuurreservaat Bourgoyen-Ossemeersen* ist ein faszinierendes weitläufiges Schutzgebiet am Stadtrand mit Feuchtwiesen, baumgesäumten Wegen und Wäldern. Die Felder sind im Winter vielfach überflutet, doch die erhöhten Wege bleiben zugänglich. Auf markierten Strecken kann man dort wandern, joggen oder in hölzernen Unterständen Zugvögel beobachten.

407 SCHWIMMBAD VAN EYCK
Veermanplein 1
Dampoort ⑥
+32 (0)9 235 27 40
visit.gent.be

Das spektakulärste der öffentlichen Bäder Gents (*Zwembad Van Eyck*), errichtet 1886, wurde in den 1930er-Jahren im Stil des Art déco modernisiert und 2001 umfassend restauriert. Der ursprüngliche Eingang an der Vorderseite machte einem neuen, hellen auf der Rückseite Platz. Es entstand dabei auch eine moderne Loungebar mit Blick über die prächtige Schwimmhalle.

408 **KLIMZAAL BIOVER SPORT, KLETTERZENTRUM**

Campinglaan 2
Blaarmeersen
Westen außerhalb
+32 (0)476 94 19 45
bleau.be

Heimische Kletterer können ihre Fitness in einer der tollsten Kletterhallen der Welt im Sport- und Freizeitpark Blaarmeersen trainieren, deren Kletterwände eine Fläche von über 3500 m² einnehmen. Das Zentrum bietet Klettersteige und (Boulder-)Kurse (auch für Kinder und Menschen mit körperlicher Einschränkung) an.

409 **WATERSPORTBAAN-LAUFSTRECKE**

Verenigde Natieslaan
Bijloke-Viertel ④

Ambitionierte Läufer trainieren gern auf der Trasse rund um die *Waterspoortbaan*. Angelegt 1955 als künstliche Wasserstraße für die Ruder-Europameisterschaften, wird diese noch immer als Ruder- und Kanu-Regattastrecke genutzt. Sie ist gesäumt von einer Laufstrecke von nicht ganz fünf Kilometer Länge. Achtmal absolviert, erreicht sie (fast) die Länge eines Marathons.

410 **KAJAKS KORENLEI**

BEIM HOSTEL UPPELINK
Sint-Michielsplein 21
Stadtzentrum ①
+32 (0)9 279 44 77
kajakskorenlei.be

Eine tolle Möglichkeit zur Stadterkundung ist auch das Mieten eines Kajaks. Vom Hostel Uppelink, wo man es übernimmt, kann man mehreren Routen mitten durch die Altstadt folgen. Eine führt unter dem grauen Gemäuer der Burg *Gravensteen* vorbei an historischen Gebäuden direkt am Wasser bis zum massiven Stadttor *Rabot*, eine andere am trutzigen Kastell *Geeraard de Duivelsteen* vorbei entlang der 2018 wieder eröffneten Wasserstraße *Reep*.

5 Top-Locations für
AFTER-WORK-PARTYS

411 **CAFE VENTURA**
Vrijdagmarkt 35
Sint-Jacobs-Viertel ③
+32 (0)9 225 02 18
cafeventura.be

Das kleine, freundliche Café direkt am *Vrijdagmarkt* mit ausgesprochen entspannter Atmosphäre unter Leitung eines jungen Paars hat jeweils bis in die frühen Morgenstunden geöffnet. Gelegentlich stehen auch DJ-Nächte oder Filmvorführungen auf dem Programm.

412 **CLUB 69**
Oude Beestenmarkt 5
Sint-Jacobs-Viertel ③
club-69.be

In dem Gebäude mit bunten Streifen logiert seit 2011 der Club 69, eröffnet für ein jugendliches Publikum, das gerne zu Rock- und Indie-Musik abtanzt. Eine Tabelle an der Eingangstür verzeichnet jeweils die kommenden Events, während drinnen lila und blaue Beleuchtung für eine relaxte Retro-Stimmung sorgt.

413 CHARLATAN

Vlasmarkt 6
Sint-Jacobs-Viertel ③
+32 (0)9 224 24 57
charlatan.be

Was von außen wie eine banale Kneipe aussehen mag, ist in Wirklichkeit der Ort der Wahl, um in der Stadt neue Bands zu entdecken. Das Innere ist überraschend großzügig und verbindet unter einem Dach Café, Dance Room und Konzertsaal. Seit mehr als 25 Jahren werden hier sämtliche Arten von Musik, Comedy sowie Gay Partys an den Sonntagen geboten. Einziger Nachteil: Oft wird es unglaublich voll!

414 BAR MIRWAAR

Burgstraat 59
Stadtzentrum ①
+32 (0)498 31 63 11
barmirwaar.be

Diese vom Genter Gitarristen Toon Vlerick geführte schöne Bar westlich der Burg Gravensteen ist ein angenehmer Ort, um bei sanfter Beleuchtung auf einer langen, geschwungenen roten Samtbank einen Abend ausklingen zu lassen. Bei einem Craftbier kann man eine Rarität aus der Sammlung des Vorbesitzers von 3000 alten Vinylscheiben aus dem riesigen Regal hinter der Bar hören. Und manchmal auch das Konzert einer lokalen Band.

415 KOMPASS KLUB

Wechselnde Locations
kompassklub.com

Das einstige Pop-up-Unternehmen zog erst in eine verlassene Fabrik im Süden Gents, wo es sich schnell zum angesagtesten Spot des Landes für Techno- und House-Musik entwickelte. Seit die Fabrik 2021 abgerissen wurde, ist man auf der Suche nach einem neuen Domizil. Bis dahin veranstaltet man wieder Partys in Pop-up-Locations.

5 *empfehlenswerte Anbieter*

UNKONVENTIONELLER TOUREN

416 **VIADAGIO**
viadagio.be

Viadagio veranstaltet ökologische Bootstouren, die weder die Umwelt schädigen noch die Anwohner stören. In schönen Holzkähnen, handgefertigt in Bangladesch und ausschließlich mittels menschlicher Kraft betrieben, gleitet man lautlos durch die Wasserstraßen der Stadt. Die Touren können für Gruppen mit mindestens sechs Personen gebucht werden – ein besonderes Erlebnis im Sommer in der Abenddämmerung.

417 **DE FIETSAMBASSADE**
AN DER STADSHAL
Emile Braunplein
Stadtzentrum ①
+32 (0)9 266 77 00
fietsambassade.gent.be

Als eine der großen Fahrradstädte eignet sich Gent wunderbar, um sich mit dem Rad (*Fiets*) fortzubewegen. Es gibt ein Netzwerk spezieller Fahrradwege, aber auch Brücken und Tunnel, um die Räder vom Automobilverkehr zu trennen. An verschiedenen Orten in der Stadt können Sie ein robustes Holland-Bike mieten (für 1 Tag oder länger), wie an dieser Fahrrad-Tiefgarage direkt neben der *Stadshal*.

418 **MINERVA BOAT COMPANY**
Coupure Rechts 2A
Bijloke-Viertel ④
+32 (0)9 233 79 17
minervaboten.be

Verbringen Sie doch einmal einen Sommertag in Gent, indem Sie dessen Wasserstraßen in einem gemieteten kleinen Motorboot erkunden, abholbar in einem kleinen Büro am Hafen nahe Kouter für einen Trip rund um die Leie (mehrere Std. oder 1 Tag). Das freundliche Personal erklärt Ihnen alles, was Sie über die Navigation auf den örtlichen Wasserwegen wissen müssen.

419 **BIKE GHENT**
Emile Braunplein
Stadtzentrum ①
+32 (0)478 02 94 67
bikeghent.be

Der Genter Christophe De Smet organisiert Mountainbike-Touren, die in ungewöhnliche Ecken der Stadt führen. Vom Hauptplatz aus geht es zu wenig bekannten Orten am Stadtrand, darunter Industriegebiete mit vielseitiger Street-Art.

420 **CHARLIE TOURS**
+32 (0)486 06 23 63
charlietours.be

Nick Vandecasteele, Betreiber der örtlichen Charlie-Bar, verlegte sich ab 2013 auf Stadttouren. Heute leitet es ein hoch motiviertes Team, das kleine Gruppen auf mehrstündigen Streifzügen durch Gent begleitet. Seine *Schokoladentour* etwa führt zu einigen der besten Chocolatiers der Stadt, wo man die Schokoladenmacher treffen und deren Kreationen probieren kann.

5 *authentische*

STADT-FESTIVALS

421 **GENTSE FEESTEN**
gentsefeesten.be

Was 1969 als kleines Fest mit lokalen Bands auf einer provisorischen Bühne begann, ist heute eines der größten Straßenfestivals Europas, ein kulturelles Volksfest, das jährlich über 2 Mio. Feierwillige anzieht. Die Leute kommen wegen Musik und Bier, doch vor allem wegen der ausgelassenen Stimmung, die 10 Tage und Nächte anhält. Beginn: Freitag vor dem belgischen Nationalfeiertag (21. Juli).

422 **ODEGAND**
+32 (0)9 225 01 01
odegand.gent

Ein magisches Musik- und Lichtspektakel, das im Sommer in den Binnengewässern der Stadt stattfindet. Kleine Ensembles und Solisten verschiedener Musiksparten treten 45 Minuten lang an ungewöhnlichen Orten auf. Das Publikum bewegt sich in Kanalbooten von Station zu Station mit einem vielseitigen Programm aus Klassik, Jazz, Fado und Techno. Den Abschluss bildet ein kostenloses Konzert an der Graslei-Promenade.

423 **GENT JAZZ**
IM ZENTRUM DE BIJLOKE
Godshuizenlaan 2
Bijloke-Viertel ④
+32 (0)9 324 45 30
gentjazz.com

Alljährlich treffen sich im Sommer die Fans im historischen Bijloke-Komplex zu einem entspannten Festival für Jazzmusik. *Gent Jazz*, begründet 2002, legt seinen Fokus besonders auf junge, experimentelle Musiker, die das Event regelmäßig durch frische, neue Ideen akzentuieren. Zuweilen kann man dort aber auch musikalischen Größen begegnen, wie Joan Baez oder Grace Jones.

424 **SECHSTAGERENNEN**
IM VELODROM 'T KUIPKE
Citadelpark ⑤
lottozesdaagse.be

Dieses extreme Radrennen findet seit 1922 jeden Winter im Velodrom *'t Kuipke* im Citadelpark statt. In feuchten Novembernächten strömen Radsportfans hierher, um ihre Favoriten unter den Radprofis anzufeuern, die sechs Tage lang Runde um Runde absolvieren. Am Ende ist die Luft gesättigt vom Geruch nach Bier, Hamburgern und feuchtem Schweiß.

425 **LICHTFESTIVAL**
lichtfestival.stad.gent

Alle drei Jahre im tiefsten Winter organisiert die Stadt ein Festival des Lichts. Erfahrene Künstler und Designer planen zu diesem Anlass Spektakel mit außergewöhnlichen Lichteffekten, darunter die Einkleidung historischer Gebäude mit unzähligen farbigen Glühbirnen, die sie in völlig »neuem Licht« erscheinen lassen.

5 Blickpunkte entlang der TRAM 4

426 **KONING ALBERTLAAN**
Koning Albertlaan 97
Bahnhofsviertel ⑤

Die meisten Leute nehmen die Straßenbahn Tram 1 vom Bahnhof Sint-Pieters in die Innenstadt. Doch noch mehr gibt es zu sehen in der Linie 4 vom Bahnhof Richtung Moscou (Norden). Für die beste Sicht setzen Sie sich, wenn möglich, auf die linke Seite. Kurz hinter dem Bahnhof passiert man eine Reihe schöner Art-déco-Häuser an der sanft geschwungenen Koning Albertlaan, aber auch ein auffälliges modernes mit aufwendigen Gusseisenornamenten (Nr. 97).

427 **RABOT**
Haltestelle Rabot
Patershol ②

Die Linie 4 fährt auch vorbei an den grauen Steintürmen des letzten erhaltenen Genter Stadttors, genannt *Het Rabot* (gleichzeitig der Name für das Viertel). Das massive Bauwerk, 1491 über der Leie errichtet, sollte die Boote kontrollieren, die in die Stadt einfuhren.

428 DE NIEUWE MOLENS

Haltestelle Biervlietstraat Norden ②

Nach Passieren des Rabot geht es vorbei am transparenten neuen Gerichtsgebäude (*Nieuw Gerechtsgebouw*) von Stéphane Beel. Dahinter liegt *De Nieuwe Molens*, wo in einem Komplex ehemaliger Getreidesilos ein anspruchsvoller neuer Wohnkomplex entsteht.

429 SAS VAN GENT

Haltestelle Muidebrug ⑦ Norden

Die Linie 4 fährt auch in die Nähe des alten Hafenviertels *Sas van Gent* durch einen 1563 gegrabenen, 1820 verbreiterten Kanal, mit der Nordsee verbunden. Der Hafen wird von Binnenschiffen genutzt.

430 RIHERA

Haltestelle Heilig Kerst Sleepstraat 216 Norden ③

Auf dem Platz vor der Kirche Heilige Kerst erinnert der Bug des Kanalschiffs Rihera an die maritime Geschichte dieses Viertels. In der *Heilige Kerstkerk* selbst befinden sich prächtige Wandgemälde sowie der Nachbau eines Kahns von lokalen Handwerkern.

5 *unterhaltsame*

ERLEBNISSE FÜR KINDER

431 **BLAARMEERSEN**
Zuiderlaan 5
Westen außerhalb
blaarmeersen.be

Leicht lässt sich ein ganzer Tag mit Kindern in diesem Sport- und Freizeitpark an einem künstlichen See am westlichen Stadtrand verbringen. Sandstrände, Abenteuerspielplätze und Wälder sowie ein Skatepark, Minigolf und Tretbootverleih. Um den See gibt es mehrere Cafés, darunter das entspannte Grillrestaurant Le Beach House.

432 **MA & IK**
Aannemersstraat 1A
Dampoort ⑥
+32 (0)9 391 45 46
ma-en-ik.be

Véronique und ihre Tochter, Designerin Lien, eröffneten 2014 ihr speziell auf Kinder ausgerichtetes Restaurant »Mama und ich«, eines von vielen kinderfreundlichen Lokalen mit Drachen im Schaufenster. Das Interieur wirkt lässig skandinavisch, mit weißen Möbeln, Hängepflanzen und einer bunt gestreiften Holzbar. Die Tochter wandte sich inzwischen anderen Projekten zu, doch »Ma« serviert weiter unverdrossen ihre populären Frühstücks- und Mittagsgerichte wie leckere Suppen, frische Pasta und selbst gebackenen Kuchen.

433 DE WERELD VAN KINA

Sint-Pietersplein 14
Universitätsviertel ④
+32 (0)9 323 62 50
dewereldvankina.stad.gent

Das einstige Schulmuseum (was ein wenig dröge klang), 1924 als Naturkundemuseum gegründet, wurde umbenannt in *De wereld van Kina (Die Welt von Kina)* und nimmt heute einen Barockflügel der Sint-Pietersabdij ein. Neben etwas altmodisch wirkenden Exponaten (wie einer Fossiliensammlung und Kuscheltieren in Vitrinen) gibt es diverse interaktive Spiele, die viel Spaß machen, und ein riesiges Stadtmodell von Gent im 16. Jahrhundert.

434 DE BOOTJES VAN GENT

Korenlei 4A
Stadtzentrum ①
+32 (0)9 229 17 16
debootjesvangent.be

Auch Kinder unternehmen gerne Bootsfahrten auf den Kanälen Gents. Startpunkt: die grüne Hütte an Korenlei. Mit Begeisterung geben die Führer während der 45-minütigen Fahrt lebhafte Kommentare, während das Boot an Burg Gravensteen oder dem ehemaligen Stadttor Rabot vorbeischippert.

435 CREMERIE GÉRARD

Limburgstraat 36
Stadtzentrum ①
+32 (0)9 336 32 20
cremerie-gerard.be

Der Mini-Eissalon gegenüber der Kathedrale ist ideal, um Kinder an einem heißen Tag zu beschäftigen. Seit 2016 wird er von derselben Familie betrieben wie die Cremerie François in Sint-Niklaas, der älteste und wohl beste Eissalon des Landes. Das Eis wird nach altem Familienrezept hergestellt aus frischer Milch von Waasland-Kühen. Der Genter Ableger hat ein paar Tische drinnen, doch am besten verzehrt man seine Portion in der Waffeltüte draußen auf dem Platz.

5 nette

KLEINE KINOS

436 **STUDIO SKOOP**
Sint-Annaplein 63
Stadtzentrum ①
+32 (0)9 225 08 45
studioskoop.be

Das anregende Filmhaus in einem schönen historischen Gebäude im Ledeberg-Quartier zeigt bereits seit 1970 Filme in fünf verschiedenen Sälen – die Verbindung nostalgischen Kinovergnügens mit moderner Filmqualität und Programm aus Kult- und alternativen Filmen.

437 **SPHINX**
Sint-Michielshelling 3
Stadtzentrum ①
+32 (0)9 225 60 86
sphinx-cinema.be

Seit 1912 besteht das Lichthaus bei der Sint-Michielsbrug. Heute verfügt es über fünf Kinosäle, in denen ein abwechslungsreiches Programm aus Erfolgs- und preisgekrönten Filmen internationaler Festivals zu sehen ist. Besonders charmant: der kleine Kinoraum ganz oben (Sphinx 4) mit nur 45 Sitzen.

438 **KASKCINEMA**
Godshuizenlaan 4
Bijloke-Viertel ④
+32 (0)9 243 36 76
kaskcinema.be

Das kleine Arthouse-Kino, untergebracht im ehemaligen Hospital von Bijloke, betreibt die School of Arts. Unter das Publikum mischen sich oft Studenten der Filmfakultät, für experimentelle Filme, die sonst nirgends gezeigt werden.

439 **CINE PALACE**

IM INDUSTRIEMUSEUM

Minnemeers 9
Sint-Jacobs-Viertel ③
+32 (0)9 269 42 00
industriemuseum.be

Ein altes Art-déco-Kino würde man wohl kaum im vierten Stock eines Industriemuseums erwarten. Das Interieur wurde liebevoll nachempfunden: nackte Holzböden, rote Samtsessel und alte Neonschilder, auf denen der Ticketpreis noch 4 Francs beträgt. Es zeigt gelegentlich auf historischen Projektoren klassische Arthouse-Filme.

440 **OFFOFF**

Lange Steenstraat 14
Patershol ②
+32 (0)9 335 31 83
offoff.be

Dieses alternative Kino mit Sitz in der *Kunsthal*, laut Selbstbeschreibung »Vorführ- und Rechercheplattform für experimentellen Film«, zeigt unbekannte, spurlos verschwundene alte Filme neben Neuproduktionen von Regisseuren, die die Grenzen des Kinos austesten.

439 CINE PALACE

5 besonders MARKANTE DATEN der Genter Stadtgeschichte

441 **24. FEBRUAR 1540**
Lodewijk van Malestraat 6 Patershol ②

Nachdem Kaiser Karl V. an seinem 40. Geburtstag in Gent einmarschiert war, statuierte er ein Exempel: Er bestrafte die Stadtoberen, die sich geweigert hatten, eine neue Steuer zu zahlen. Sie mussten barfuß durch Gent marschieren und dabei Galgenstricke um den Hals tragen. Ein modernes Denkmal eines dieser *Stroppendrager* (Schlingenträger) steht gegenüber dem alten Tor, das einst in den Prinsenhof führte.

442 **26. APRIL 1913**

Gent war Schauplatz einer groß angelegten Weltausstellung, die am 26. April 1913 auf einem Areal im Süden ihre Pforten öffnete. Der griechische Chocolatier Leonidas Kestekides, der zu Beginn des Jahres eine Teestube eröffnet hatte, wurde dort mit einer Goldmedaille für seine Produkte ausgezeichnet. Beginn der Pralinenmarke *Leonidas*.

443 **11. APRIL 1934**
Sint-Baafsplein
Stadtzentrum ①

An diesem Morgen entdeckte ein Amtsträger der Sint-Baafskathedraal den Diebstahl zweier Tafeln des *Genter Altars* der Brüder van Eyck. Eine davon wurde später in einem Brüsseler Bahnhof wiederentdeckt, die andere fehlt bis heute (trotz unzähliger Bemühungen, sie zu finden).

444 **16. NOVEMBER 1949**
Sint-Veerleplein 11
Patershol ②
+32 (0)9 266 85 00
gravensteen.stad.gent

An diesem Tag stürmten 136 Studenten die Burg Gravensteen, aus Protest gegen die Erhöhung des Bierpreises. Sie verbarrikadierten sich hinter den Burgmauern und schleuderten faules Obst von den Zinnen gegen die anrückende Polizei. Schließlich eroberte die Feuerwehr mit langen Leitern die Burg zurück. An die »Schlacht um Burg Gravensteen« wird jährlich am 16. November mit einem Studentenumzug erinnert.

445 **21. JUNI 1986**
+32 (0)9 240 76 01
smak.be

Im Sommer 1986 lud Jan Hoet (der ehemalige Direktor des S.M.A.K.) 51 internationale Künstler ein, Werke für Genter Privatwohnungen zu konzipieren. An diesem Ausstellungsparcour, der unter der Bezeichnung *Chambres d'Amis* (Gästezimmer) Kultstatus erlangte, nahmen Künstler wie Joseph Beuys und Daniel Buren teil. Einige ihrer Werke erhielten sich über die Stadt verteilt.

5 lohnende Sehenswürdigkeiten IN DER UMGEBUNG

446 **NORDSEEHAFEN**
Besucherzentrum
Rigakaai 1
+32 (0)9 251 05 50
northseaport.com

Nur wenige Touristen besuchen den Hafen im Norden Gents, was problemlos möglich ist, wenn man jeweils am Samstagmorgen an einer der von der Hafenbehörde angebotenen kostenlosen Bootstouren teilnimmt. Auf der zweistündigen Rundfahrt kann man auf Deck die örtliche Industrielandschaft auf sich wirken lassen oder darunter im Café ein lokales Bier genießen. Die Buchung ist online möglich.

447 **AFSNEE**
Afsnee
Südwesten

Das hübsche Dorf an einer der vielen Schleifen der Leie besitzt eine romanische Kirche unten am Wasser und einen kleinen Fährkahn, der Radler und Wanderer (zumindest an Sommertagen) über den Fluss hinüber setzt. Im Dorf selbst kann man ein Bierchen trinken oder am Flussufer entlang zu der kleinen Bar *Oude Drie Leien* am Wasser (Dijkweg 15) marschieren.

448 KASTEEL OOIDONK

Ooidonkdreef 9
Deinze
+32 (0)9 282 26 38
ooidonk.be

Kasteel Oidonk, ein spektakuläres Schloss im Renaissancestil mit massiven Rundtürmen und Wassergraben, liegt in ruhigen Feuchtwiesen an einer der zahlreichen Windungen der Leie südwestlich der Stadt. Für eine Besichtigung von Gebäude und Park betätigt man die Hausmeisterglocke am Eingang. Das ehemalige Kutschenhaus wurde zum Restaurant – auf ein schnelles Lunch oder ein mehrgängiges Menü.

449 'T OUD SASHUIS

Hellestraat 20
Astene, Deinze
+32 (0)476 81 01 14
astene-sas.be

Vom Wasserschloss aus kann man schön zu Fuß auf der *Ooidonk Wandelroute* entlang der mäandernden Leie wandern. Dabei kommt man in die Nähe von *'t Oud Sashuis*, einer freundlichen kleinen Bar in einem alten Pförtnerhaus. Der Innenraum ist vollgestopft mit Schiffsmemorabilien, alten Fotos und Trockenwürsten an Schnüren, während im Hintergrund französische Chansons laufen.

450 DEURLE

Deurle
Sint-Martens-Latem

Auch Deurle, ein hübsches altes Dorf der Gemeinde Sint-Martens-Latem, liegt an einer der zahlreichen Leiewindungen. Der Ort, an dem sich Anfang des 20. Jahrhunderts Künstler der Latemse School (Latem-Schule) ansiedelten, ist übersät mit winzigen Museen in ehemaligen Künstlerhäusern, romantischen Hotels und Dorfrestaurants.

AN DER GRASLEI-PROMENADE

50 WICHTIGE UND UNWICHTIGE FAKTEN

5 mögliche VERSTECKE der Van-Eyck-Altartafel

451 **KATHEDRALKRYPTA**
Sint-Baafsplein
Stadtzentrum ①

Unzählige Theorien kursieren über den Verbleib der verschollenen Bildtafel (*Die Gerechten Richter*), die bei dem Diebstahl 1934 aus dem *Genter Altar* der Brüder van Eyck gerissen und bis heute nicht wiederentdeckt wurde. Hinsichtlich möglicher Verstecke wurde spekuliert, sie befinde sich vielleicht in der Sint-Baafskathedraal, in einem dunklen Winkel in der Krypta.

452 **GEERAARD DE DUIVELSTEEN**
Geraard de Duivelstraat 1
Stadtzentrum ①

Ein Jahr nach dem Diebstahl berichtete eine flämische Zeitung, die Bildtafel sei »in einem öffentlichen Gebäude in der Nähe der Kathedrale« verborgen. Dies veranlasste die Polizei, diese alte Steinfestung in den Blick zu nehmen, das sog. »Schloss Gerhards des Teufels«. Doch trotz intensiver Untersuchung fanden sie in dem düsteren mittelalterlichen Gemäuer keine Spur des Kunstwerks.

453 VAN-EYCK-HAUS

Koestraat 50
Stadtzentrum ①

Ein flämischer Autor behauptete, einen geheimen Code entdeckt zu haben, mit dem Hinweis, die fehlende Tafel befinde sich in einem Eckhaus aus dem 19. Jahrhundert in der Koestraat. Dies ist vermutlich auch der Ort, an dem die Brüder Jan und Hubert van Eyck (deren Köpfe man oben an der Fassade sieht) einst den *Genter Altar* schufen. Die Durchsuchung des Gebäudes 1991 blieb jedoch ergebnislos.

454 SINT-JANSVEST-GARAGE

Sint-Jansvest 38
Stadtzentrum ①

Ein Amateurdetektiv verbreitete 2008 die Theorie, die fehlende Tafel sei in einer Garage in einer Nebenstraße nicht weit vom Ketelvestkanal versteckt. Doch auch hier führte die minutiöse Suche der Polizei zu keinem Ergebnis.

455 KOMIJNSTRAAT 1

Komijnstraat 1
Stadtzentrum ①

Kunstexperten reisten 1978 aus Brüssel an, um ein Gebäude im Zentrum Gents zu untersuchen. Man hatte herausgefunden, dass hier einst ein Verwandter des Börsenmaklers Arsène Goedertier gewohnt hatte, der im Rahmen der Ermittlungen schon früh unter Verdacht geraten war. Auch in diesem Haus wurde nichts gefunden.

5 Prominente, GEBOREN IN GENT

456 **JOHANN VON GENT**
Sint-Baafsabdij
Voorhoutkaai 43
Dampoort ⑥
+32 (0)9 266 85 00
sintbaafsabdij.stad.gent

John of Gaunt, Duke of Lancaster (1340 bis 1399), dritter Sohn König Edwards III. von England, wurde von seiner Mutter Philippa von Hennegau in der *Sint-Baafsabdij* geboren, während sich sein Vater auf Kriegszug befand. In Shakespeares Drama *Richard II.* hält der sterbende John of Gaunt seine berühmte Englandrede: »This blessed plot, this earth, this realm, this England.«

457 **KAISER KARL V.**
Prinsenhofplein
Patershol ②

Am 24. Februar 1500 gebar Johanna von Kastilien im Genter *Prinsenhof* einen Sohn, der später als Karl V., Kaiser des Heiligen Römischen Reichs, über die Niederlande, Spanien und Portugal herrschte. Unbeliebt ist er in Gent, weil er die Stadtoberen (als *Stroppendrager*) dafür demütigte, dass sie sich nach seinem Einzug geweigert hatten, Strafsteuern zu entrichten. Ein Standbild Karls V. wurde 1966 auf dem kleinen Platz errichtet, wo sich der Prinsenhof erstreckte.

458 LIEVEN BAUWENS

Lieven Bauwensplein
Stadtzentrum ①

1799 schmuggelte der Genter Industrielle Lieven Bauwens (1769–1822) eine der ersten Spinnmaschinen, verborgen zwischen Kaffeesäcken, aus Manchester heraus. In Großbritannien der Industriespionage beschuldigt und zum Tode verurteilt, wurde er in Gent zum Lokalhelden, weil er 1800 die erste Textilfabrik in einem ehem. Kloster gründete. Das Denkmal zu seinen Ehren wurde 1885 enthüllt.

459 LEO BAEKELAND

Das erste synthetische Material der Welt erfand der in Gent geborene Chemiker Leo Baekeland (1863–1944). Sein Vater war Schuster, seine Mutter Dienstmädchen. Später zog er in die USA, wo er sich durch Entwicklung des sog. *Bakelit* einen Namen machte, ein harter, vielseitiger Kunststoff, der u. a. bei der Herstellung von Radios, Telefonen und Elektrosteckern Verwendung fand. In den USA als Begründer der Kunststoffindustrie gefeiert, ist er in Gent nahezu vergessen.

460 BRADLEY WIGGINS

Gasmeterlaan
Norden ②

Der britische Radrennfahrer und Olympiasieger Bradley Wiggins wurde 1980 in einem ärmlichen Viertel im Norden der Stadt geboren, weil sein australischer Vater Gary in Gent Radrennen fuhr. Als er drei Jahre alt war, verließ seine britische Mutter mit ihren Kindern Belgien.

5 *beachtenswerte* STÄDTISCHE INITIATIVEN

461 **GRAFFITI-GASSE**
Werregarenstraatje
Stadtzentrum ①

Schon lange fördert der Stadtrat Street-Art-Projekte. Als Bekanntestes gilt die enge *Werregarenstraatje*, wo Straßenkünstler seit den 1990ern die Wände besprühen dürfen. Ergebnis ist eine verwirrende Kakofonie aus Graffiti, die sich fast täglich ändern, weil immer wieder neue Künstler ihre Spuren hinterlassen.

462 **STADTSCHAFE**
NÄHE COUPUREKANAL & ZENTRUM DE BIJLOKE
Bijloke-Viertel ④

Die Stadt hält etwa 30 Schafe, die sie an den Kanalufern und anderen Grünflächen weiden lässt. Oft begegnet man ihnen am Coupurekanal oder auf dem Gelände des De-Bijloke-Komplexes unter Aufsicht des Stadtschäfers und seines Hütehundes.

463 **VISTUIN**
Achtervisserij
Dampoort ⑥

Joksie Biesemans legte 2012 aus Müll, den sie aus Genter Kanälen fischte, einen ungewöhnlichen Garten am Wasser an. In diesem *Vistuin* (Fischgarten) wachsen Pflanzen in verrosteten Blechdosen, alten Hausschuhen, Plastikschläuchen oder einer Toilettenschüssel, die einfach abgeladen wurden.

464 **VEGGIE DAY**
donderdagveggiedag.be

Ihre progressive Ader bewies die Stadt durch Einführung eines »Vegetarischen Donnerstags« *(Donderdag Veggiedag)*, der die Leute davon überzeugen soll, (zumindest) einen Wochentag auf Fleischgenuss zu verzichten. Schulen und örtliche Kantinen sind begeisterte Unterstützer des Projekts.

465 **SKATEPARK BLAARMEERSEN**
NÄHE BLAARMEERSEN
Zuiderlaan 13
Westen außerhalb
visit.gent.be

Am Rande des Sportparks *Blaarmeersen* legte die Stadt einen der größten Skateparks Belgiens an (über 4000 m²) mit unterschiedlichen Zonen für sämtliche Niveaus, darunter auch eine für Kinder (Kiddy Area), um Tricks zu lernen. Weitere Bereiche sind: (Street) Plaza, Roller Derby, Bowl Area und Freerunning Zone für Flips, Swings und Jump.

461 **GRAFFITI-GASSE**

5 in Gent spielende
FILME

466 **ROMEO.JULIET**

Eine bizarre Filmversion des Dramas *Romeo und Julia* wurde 1990 in Gent mit Hunderten von Katzen gedreht (Regie: Armando Acosta). John Hurt spielt darin absurderweise einen venezianischen Obdachlosen, die einzig menschliche Figur. Die Premiere war 1990 auf dem Filmfestival Köln, doch es ist schwer, an eine Kopie zu kommen.

467 **STEVE + SKY**

Der flämische Regisseur Felix Van Groeningen verortet seinen Film von 2004 auf der Sexmeile entlang dem *Kortrijksesteenweg* zwischen Gent und Kortrijk. Thema ist das Verhältnis zwischen Steve, der aus dem Gefängnis entlassen wurde, und der Nachtclubtänzerin Sky. Die meisten Szenen spielen nachts, wo Steve auf der Suche nach Motorrädern, die sich zum Stehlen eignen, auf der Straße kreuzt, vorbei an schrillen Sexbars, hell erleuchteten Tankstellen und Chinarestaurants. Den Soundtrack lieferte die Genter Band *Soulwax*.

468 BROKEN CIRCLE BREAKDOWN

Felix Van Groeningens *Broken Circle Breakdown* (2012), einer der erfolgreichsten belgischen Filme, wurde in Gent gedreht. Basierend auf einem Stück von Johan Heldenbergh, erzählt er, getrieben von Country-Balladen, die Geschichte des Sängers Didier und der Tätowiererin Elise, deren Leben völlig erschüttert wird, als ihre kleine Tochter an Krebs stirbt. Ein fast amerikanisch wirkender Film, der für den Oscar nominiert wurde.

469 OFFLINE

Peter Monsaerts Film von 2013 ist die Geschichte eines Mannes, der nach mehrjähriger Gefängnisstrafe vergebens versucht, in seinen alten Job als Waschmaschinenreparateur zurückzufinden. Das kraftvolle, grobe Drama mit starken Schauspielern (und düsterem Soundtrack der belgischen Band Triggerfinger) wurde in Gent gedreht.

470 NEULICH IN BELGIEN

Christophe Van Rompaeys Romantikdrama mit dem Originaltitel *Aanrijding in Moscou* (2008) erzählt von Matti, einer gestressten Mutter aus dem Genter Vorort Moscow. Ihr Mann betrügt sie, und ihre Kinder sind mitten in der Pubertät. Als sie vor einem Supermarktparkplatz in seinen Truck kracht, beginnt sie eine Affäre mit einem Lkw-Fahrer. Der Film wurde größtenteils in Ledeberg gedreht.

5 merkwürdige STRASSENNAMEN

471 REGINALD WARNEFORDSTRAAT

Reginald Warnefordstraat
Dampoort ⑥

Wenige kennen die Geschichte hinter diesem Straßenamen. Er erinnert an einen britischen Piloten im Ersten Weltkrieg, der 1915 über Gent einen deutschen Zeppelin abschoss. Das brennende Flugschiff stürzte auf die Straße, die heute Reginald Warnefordstraat heißt. Dieser selbst starb 10 Tage später bei einem Flugzeugabsturz.

472 KLEIN TURKIJE

Klein Turkije
Stadtzentrum ①

Der Name bedeutet »Kleine Türkei«. Eine Erklärung ist, dass diese Straße wie ein Ort in der Türkei wirkt. Oder dass hier importierte Waren aus dem Orient verkauft wurden. Am plausibelsten erscheint jedoch, dass diese Bezeichnung einfach eine Verballhornung des niederländischen *ter keie* (»auf dem Boden«) ist.

473 KINDERRECHTEN-PLEIN

Lievekaai
Patershol ②

Ein gepflasterter Platz, nicht weit von der Lieve entfernt, wurde am 11. November 1999 temporär in »Platz der Kinderrechte« umbenannt. Die Straßenschilder sind noch vorhanden, doch der Name erscheint auf keinem Stadtplan.

474 **PLEIN TEGEN ZINLOOS GEWELD**

Korenmarkt
Stadtzentrum ①

Der Straßenname auf dem ehem. Postgebäude am Korenmarkt lautet *Plein Tegen Zinloos Geweld* (»Platz gegen sinnlose Gewalt«). Das Schild stellte 2011 eine Organisation auf, die sich gegen Gewalt einsetzt.

475 **ZONDER-NAAMSTRAAT**

Zonder-Naamstraat
Dampoort ⑥

Die rätselhafte Bezeichnung »Straße ohne Namen« nimmt Bezug auf eine örtliche Wohltätigkeitsorganisation aus den 1950ern. Weil man sie wegen ihres unbedeutenden Namens verspottete, benannte sie sich um in: »Namenlos, aber nicht herzlos«.

475 ZONDER-NAAMSTRAAT

DE
HAECHT
VAN
GHENT

474 **PLEIN TEGEN ZINLOOS GEWELD**

5 *interessante* RELIKTE *der* WELT-AUSSTELLUNG 1913

476 **SINT-PIETERS-STATION**
Koningin Maria Hendrikaplein
Bahnhofsviertel ⑤

Anlässlich der Weltausstellung 1913 entstand ab 1909 auch ein beeindruckender neuer Bahnhof in der Nähe des Messegeländes. Entworfen wurde er von Louis Croquet im flämisch-»mittelalterlichen« Stil à la Brügge mit Türmchen, hohem Glockenturm und imitierten mittelalterlichen Fresken. In der Hauptschalterhalle lohnt sich ein Blick nach oben, um diese spektakulären Wanddarstellungen von dreizehn belgischen Städten näher zu betrachten.

477 **DEN ENGHEL**
Graslei 8
Stadtzentrum ①

Die Gebäude am Grasleikanal wurden 1913 sorgfältig restauriert, um den mittelalterlichen Charakter Gents zu unterstreichen. Nur bei Nr. 8 gab es eine Lücke, die man mit einer Rekonstruktion des verschwundenen Gildehauses der Steinmetze nach alten Plänen füllte. 1979 wurde dann das originale *Metselaarshuis* (Nr. 278) bei Bauarbeiten entdeckt. Es ist nur 5 Gehminuten von hier in der Sint Niklaasstraat 2 zu sehen.

476 **SINT-PIETERSSTATION**

478 FLANDRIA PALACE

Koningin Maria Hendrikaplein Bahnhofsviertel ⑤

Der riesige Flandria Palace, gegenüber dem Bahnhof als stilvolle Unterkunft für internationale Besucher der Weltausstellung errichtet, war mit seinen 1000 Zimmern das größte Hotel der Stadt. In dem eindrucksvollen Gebäude sind heute Büros der belgischen Eisenbahngesellschaft untergebracht.

479 SIRE-VAN-MALDEGHEM-SÄULE

Sint-Veerleplein Patershol ②

Die Säule auf dem Platz gegenüber der Burg Gravensteen wirkt wie ein Relikt aus dem Mittelalter. Laut Inschrift wurde sie jedoch von »Les amis du Vieux Gent« (Freunden des alten Gent) 1926 hier errichtet zur Erinnerung an die Organisatoren der Weltausstellung. Der Entwurf geht zurück auf vier verschwundene Säulen aus dem 15. Jahrhundert, die einst der Aristokrat Sire Gheleyn van Maldeghem an den Ecken des Platzes aufgestellt hatte.

480 ROS-BEIAARD-DENKMAL

Paul de Smet de Naeyerplein Bahnhofsviertel ⑤

Das ungewöhnliche Denkmal in einem kleinen Park hinter dem Bahnhof hat sich von der Weltausstellung 1913 erhalten. Die Darstellung einer mittelalterlichen flämischen Legende, in der ein wundersames Pferd (»Ros Beiaard«) vier Brüder durch Europa trägt.

5 *kreative*

BANDS AUS GENT

481 **ABSYNTHE MINDED**
absyntheminded.be

Bert Ostyn, der 1999 mit Aufnahmen im eigenen Schlafzimmer begonnen hatte, gründete später mit anderen Musikern eine erste Band, ab 2002 umbenannt in *Absynthe Minded*, die für sanfte, melancholisch gefärbte Rocksongs steht. Tipp: »Space« (Album *As It Ever Was*, 2012).

482 **KING DALTON**
facebook.com/kingdalton

Die Band, die mit Auftritten im Charlatan begann, entwickelte mit der Zeit einen eigenwilligen Sound, den man Avantgarde-Folk-Blues nennen könnte. Zu den eingängigsten ihrer Songs zählt »Diligence« (Album *King Dalton*, 2013).

483 **DE BEREN GIEREN**
deberengieren.be

Die junge Band tritt seit 2009 in kleinen Genter Clubs auf. Ein elektroakustisches Jazzpianotrio (Piano, Bass, Schlagzeug), das sich durch kreative Eigenkompositionen mit Klassik-, Elektronik- und Pop-Anklängen in ganz Europa Fans erwarb. Tipp: »Animalcules« (Album *Less is Endless*, 2012).

484 **BALTHAZAR**
balthazarband.be

Das Indie-Rock-Quintett, 2004 von zwei Straßenmusikern aus Gent gegründet und 2006 in Balthazar umbenannt, konnte sich zunächst in den Beneluxländern, später auch in Deutschland, Frankreich und der Schweiz mit ruhigen, eingängigen Melodien eine Fangemeinde aufbauen. Erst 2010 veröffentlichte es sein erstes Album, *Applause*. Das zweite, *Rats*, folgte zwei Jahre später. Tipp: Single »Leipzig« (Album *Thin Walls*, 2015).

485 **BINTI**
facebook.com/binti.music

Sechs Schwestern aus Gent mit ägyptischen Wurzeln entwickelten einen einzigartigen Sound: eine Mischung aus Blues, Barbershop, Reggae und Soul. Manchmal treten sie in kleineren Clubs der Stadt auf. Tipp: Song »It's You«.

5 *ausgezeichnete* SÄNGERINNEN

486 **SARAH FERRI**
sarahferri.be

Sarah Ferri, Tochter eines Italieners und einer Belgierin, singt jazzige Songs mit feuriger Gypsy-Stimme und einem enormen Tonumfang. Statt in einer rauchigen Bar in Havanna tritt sie in kleinen Clubs in Gent, Brüssel und Amsterdam auf. Tipp: Song »Dancing at the Supermarket« (Album *Ferritales*, 2012).

487 **LOVE LIKE BIRDS**
lovelikebirds.wordpress.com

Elke De Mey, eine junge Frau aus Gent, trägt mit sanfter, eindringlicher Stimme auf Englisch unter die Haut gehende Folksongs vor. Sie tritt oft in kleinen belgischen Clubs auf, meistens begleitet von Gitarre und Klavier. Von den nur fünf Songs auf ihrem ersten Soloalbum scheint jeder Einzelne perfekt. Besonders »Heavy Heart« (Album *Love Like Birds*, 2011) zeigt eindrucksvoll, welche Möglichkeiten die Stimme bietet.

488 TRIXIE WHITLEY
trixiewhitley.com

Trixie Whitley, Tochter des Blues-Sängers Chris Whitley, wuchs in einer viel beschäftigten Künstlerfamilie in Gent und New York auf. Ihrem schmalen, fragilen Äußeren zum Trotz singt sie mit tiefer, leidenschaftlicher Stimme düstere Songs voller Kraft. Tipp: »A Thousand Thieves« und »Breathe You in My Dreams« (beide *Fourth Corner*, 2013).

489 AN PIERLÉ
facebook.com/anpierlemusic

Die Pianistin und Songwriterin An Pierlé nahm ihr Debütalbum *Mud Stories* 1998 auf dem Dachboden eines Theaters in Gent auf: unprätentiöse, eindringliche Lieder mit Klavierbegleitung, die mit ihren schönen, sanften Melodien und den leisen Klängen des Pianospiels bezaubern. Tipp: Album *Strange Days* (2013).

490 CHARLOTTE JACOBS
charlottejacobsmusic.com

Aus einem flämischen Dorf stammend, wo ihre Eltern eine Galerie betrieben, studierte Jacobs Jazzgesang am Königlichen Konservatorium in Gent. Heute in Brooklyn lebend, entwickelte die Sängerin und Songwriterin einen eigenwilligen experimentellen Avant-Pop-Ansatz, der Stimmtöne und Texturen mit elektronischer Musik vermischt. Tipp: Album *The Shape of Wandering* (2021).

5 unvergleichliche
FAHRRADTOUREN
rund um Gent

491 **LEIEABWÄRTS NACH AFSNEE**
Bijlokekaai
Bijloke-Viertel ④
HIDDEN SECRETS AUF DEM WEG: 4, 52, 55, 56, 62, 63, 67, 74, 71, 61, 58, 57, 68, 52, 4
fietsnet.be
fietsroute.org

Außerhalb von Gent erreicht man erstaunlich schnell ruhige Landschaften, indem man einfach den Radwegen an den Kanälen entlang folgt. Eine unserer liebsten Routen führt vom Bijlokekaai leieabwärts Richtung Westen, vorbei an *Stadsmuseum* STAM und Sportpark Blaarmeersen. Außerhalb der Stadt folgen Sie einem ruhigen Flussweg bis zu einer Fähre. Dort können Sie (zu den Betriebszeiten) über die Leie setzen zum Dörfchen *Afsnee*, wo es nicht weit vom Fähranleger ein fahrradfreundliches Café gibt. Weiter geht es durch die Wiesen über eine eigenwillige Hängebrücke zur Abtei (*Oude Abdij*) Drongen. Verfolgen Sie den 28,8 Kilometer langen Routenverlauf auf einem Genter Fahrradplan oder auf der Fietsroute-Website. Dann können Sie Ihre individuelle Strecke anhand des *Knooppunten*-Systems (»Knotenpunkte«) nummerierter Fahrradschilder ausarbeiten.

492 **SINT-MARTENS-LATEM**

Jozef Plateaustraat
Universitätsviertel ④
HIDDEN SECRETS AUF DEM WEG: 4, 31, 5, 82, 42, 2, 87, 88, 67, 63, 56, 55, 52, 4
fietsnet.be
fietsroute.org

Fahren Sie vom Vooruit-Zentrum aus Richtung Süden durch den Citadelpark und elegante Vororte bis nach *Zwijnaarde*. Von dort erreichen Sie auf schmalen Feldwegen durch Feuchtwiesen und Wälder das »Künstlerdorf« Sint-Martens-Latem. Weiter geht es dann bis *Afsnee*, wo man in einem kleinen Café für Fahrradfahrer eine kleine Pause einlegen kann, bevor man sich auf die Rückfahrt nach Gent macht (24,5 km).

493 **SCHELDEABWÄRTS NACH ZWIJNAARDE**

Jozef Plateaustraat
Universitätsviertel ④
HIDDEN SECRETS AUF DEM WEG: 4, 31, 5, 82, 3, 40, 34, 33, 89, 30, 6, 2, 42, 82, 5, 31, 4
fietsnet.be
fietsroute.org

Eine einfachere Radstrecke folgt zunächst der ruhigen Visserij-Uferpromenade und führt dann weiter nach Süden bis Ledeberg. Auf Brücken und Unterführungen quert man dabei sicher drei Autobahnen. Sobald Sie Zwijnaarde erreicht haben, folgen Sie einfach dem verkehrsfreien Scheldeweg bis zu einer Brücke. Auf der anderen Seite geht es auf hügeliger Strecke über Pflastergassen fast ohne Verkehr wieder zurück Richtung Zwijnaarde (34,7 km).

494 **SCHELDEABWÄRTS NACH MELLE**

Citadellaan/Visserij
Universitätsviertel ④
HIDDEN SECRETS AUF DEM WEG: 5, 7, 12, 22, 66, 28, 24, 21, 22, 12, 7, 5
fietsnet.be
fietsroute.org

Südlich des Universitätsviertels findet man einen gut markierten Fahrradweg, der am Ufer der Schelde entlangführt. Sie können bis nach Melle radeln und dann über die Wiesen in das Dorf *Laarne* fahren, bevor es wieder an der Schelde zurück nach Gent geht (36,8 km).

495 **KANAAL GENT-BRUGGE**

Bijloke-Viertel ④
HIDDEN SECRETS AUF DEM WEG: 4, 93, 50, 51, 54, 55, 46, 60, 59, 58, 57, 68, 52, 4
fietsnet.be
fietsroute.org

Vom Coupurekanal bietet sich eine weitere einfache Route aus der Stadt hinaus am Gent-Brügge-Kanal entlang nach *Vinderhoute* an, bei der Sie in der Nähe verschiedener Schlösser vorbeifahren. Anschließend geht es durch flache flämische Ackerlandschaft bis zur Gemeinde *Drongen*. Dort lohnt sich eine kleine Rast in einem der Cafés, bevor Sie zurück nach Gent aufbrechen (20,6 km).

5 wichtige Personen für das echte GENTER FLAIR

496 **WALTER DE BUCK**

Gent wäre nicht der gleiche Ort ohne das bärtige Universaltalent Walter De Buck (1934–2014), Folksänger und Bildhauer. Er war Mitbegründer des Künstlercafés Trefpunt (Walter De Buckplein 5; trefpunt.be) und machte die *Gentse Feesten* vom provisorischen Spaßfest zu einem der größten Musik- und Theaterfestivals Europas. Daneben schuf er skurrile Skulpturen, die sich über die ganze Stadt verteilt finden.

497 **JAN HOET**

Der Kunsthistoriker und Ausstellungskurator Jan Hoet (1936–2014) war verantwortlich für eines der kreativsten Kunstevents in Belgien, das 50 zeitgenössische Kunstwerke in Privathäusern der ganzen Stadt zeigte. Seine Initiative *Chambres d'Amis* (Gästezimmer) erlangte Kultstatus und brachte Gent als Ort innovativer Kunst an ungewöhnlichen Locations erstmals auf die Landkarte.

498 **FRANK BEKE**

Als sozialistischer Bürgermeister Gents (1995–2006) initiierte Frank Beke diverse städtische Projekte, die nachwirken, wie 1996 die Ausweisung einer autofreien Innenstadt. Der beliebte Bürgermeister trug dazu bei, eine angeschlagene Industriestadt in einen angenehmen, innovativen Lebensraum zu transformieren.

499 **SOULWAX**

Hinter der Indie-Popband stecken die talentierten Musikerbrüder David und Stephen Dewaele, die auch als *2 Many DJs* performen und gelegentlich als Radio Soulwax auftreten. Sie sollen 2001 die Samplingform des Mashup erfunden haben, mit der Veröffentlichung des Albums *As Heard on Radio Soulwax Vol. 2*, das 45 verschiedene Tracks mischte. Tipp: Mix *This is Belgium Part One*.

500 **BUÉ THE WARRIOR**

Bué the Warrior stammt aus einer Zeichnerdynastie, schon sein Großvater und Vater illustrierten im Vandersteen Studio belgische Comics. Er selbst schlug allerdings eine andere Richtung ein, indem er 1991 begann, Wände mit Cartoongesichtern zu besprühen. Viele ausdruckslose Mauern Gents wurden durch seine vielseitigen Arbeiten aufgewertet, die dazu beitrugen, die Stadt zu einem Mekka für Street-Art-Fans zu machen.

REGISTER

IMPRESSUM

DEUTSCHE AUSGABE © 2022 Bruckmann Verlag GmbH,
Infanteriestrasse 11A, 80797 München

AUTOR – Derek Blyth

FOTOS – Joram Van Holen und Jonas Mertens außer: S. 31, 34, 49, 96, 108, 113, 124, 129, 143, 197: Silvie Bonne; silviebonne.be, und S. 210: Tony Le Duc; tonyleduc.be

COVERFOTO – Die Brasserie Pakhuis – mauritius images/Bernhard Klar/Alamy Stock Photos

LAYOUT – Joke Gossé and doublebill.design

DEUTSCHE ÜBERSETZUNG – Dagmar Lutz

SATZ UND LEKTORAT – M. Feuerstein, wigel

PROJEKTLEITUNG – Claudia Hohdorf, Maren Langendorff

KORREKTORAT – Anke Höhne

HERSTELLUNG – Alexander Knoll

Printed in Slovenia by Florjancic

ISBN 978-3-7343-1987-7

Alle Angaben dieses Werkes wurden von den Autoren sorgfältig recherchiert und auf den neuesten Stand gebracht sowie vom Verlag geprüft. Für die Richtigkeit der Angaben kann jedoch keine Haftung übernommen werden. Sollte dieses Werk Links auf Webseiten Dritter enthalten, so machen wir uns die Inhalte nicht zu eigen und übernehmen für die Inhalte keine Haftung.

In diesem Buch wird aus Gründen der besseren Lesbarkeit das generische Maskulinum verwendet. Weibliche und anderweitige Geschlechteridentitäten werden dabei ausdrücklich mitgemeint, soweit es für die Aussage erforderlich ist.

★★★★★

Sind Sie mit diesem Titel zufrieden? Dann würden wir uns über Ihre Weiterempfehlung freuen. Erzählen Sie es im Freundeskreis, berichten Sie Ihrem Buchhändler oder bewerten Sie bei Onlinekauf. Und wenn Sie Kritik, Korrekturen, Aktualisierungen haben, freuen wir uns über Ihre Nachricht an: Bruckmann Verlag, Postfach 40 02 09, D-80702 München, oder per E-Mail an: lektorat@verlagshaus.de.

Unser komplettes Buchprogramm finden Sie unter www.bruckmann.de

Die Deutsche Nationalbibliothek verzeichnet diese Publikation in der Deutschen Nationalbibliografie; detaillierte bibliografische Daten sind im Internet über http://dnb.d-nb.de abrufbar.